國家學要論　完

T・ラレー原著
土岐僙補譯

明治二十年出版

國家學要論　完

日本立法資料全集　別巻
1233

信山社

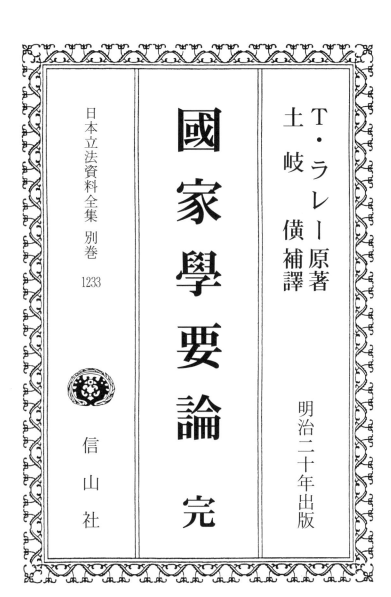

英國「オキスホルト」大學校博士トーマス、ラレー原著

國家學要論　完

日本土岐僙補譯

哲學書院藏版

國家學要論ニ叙ス

士農工商ノ差別ナク其職業ノ如何ヲ問ハス談シ易ク論シ易キハ政事ナリサレハ苟モ人ノ相聚ル處トシテ政事ヲ談セサルコト無キハ是レ今日ノ形況ナリ王公貴人ハ夜會ノ席上ニ盛衣高冠大政ノ針路ヲ喃々シ書生寒士ハ下宿ノ樓上ニ蓬髪垢面當世ノ政務ヲ喋々シ鐵道馬車ノ中ニハ丁稚番頭膝ヲ交ヘテ内地雑居ノ可否ヲ談シ寒村僻邑ノ田畔ニハ農夫臂ヲ比ヘテ租税

賦課ノ輕重ヲ論シ理髮店前洗湯場裏ニハ刺繡文身ノ職工相並ンテ職業組合ノ如何ヲ說ク夕ニ大岡越前守ノ講談ヲ聞テハ江戸町奉行ノ良政ヲ賞讚シ英國ノ「バロン、パーク」ノミ獨リ賢明判事ニアラサルコトヲ辨解シ晨ニ佐倉宗吾ノ演劇ヲ視テハ承應年間ノ當時ニモ民權熱中ノ農民アリシヲ歎稱シ自由民權ハ獨リ「アングロ、サクソン」ノ特有物ニアラサルコトヲ主張スルアリ然ルニ此等人種ノ腦裏ヲ分拆セハ僅々一二ノ人ヲ除クノ外ハ渾テ政治ノ理想ナク政治學上ノ熟字スラ其何物タルヲ知ラス放言空論前後ヲ顧ミス徒ニ一時ノ快一坐ノ興ヲ博スルニ過キサルナリ然レモ退テ之ヲ考フレハ此等ノ人種ハ即チ國家ヲ組織スル所ノ分子ナリ其員數ハ我國民中ノ多數ヲ占ムルモノニシテ其論其談亦以テ世間ノ視聽ヲ聳動シ又以テ之ヲ沈靜スルモノナリ在朝政治家ノ鋭意發達セシメント欲スル者ハ此等人種ノ業體有樣ナリ故

ニ此等人種ノ政談ヲシテ徒ニ一時ノ快一坐ノ興ニ供スルニアラス政治學ノ論理ニ基キタルモノナラシメハ實ニ國家ノ幸福ナリト云ハント欲ス然ルニ此等ノ人種ヲシテ政治學ノ一斑ヲ知ラシメント欲セハ其事頗ル難キニ似タリ否是レ眞ニ難キニアラス適當ナル政治書ナキヲ以テナリ朝ニ新聞ノ廣告ヲ閲スレハ政治書ノ新版ハ續々トシテ掲出シ夕ニ學友ノ書齋ヲ訪ヘハ政理論ノ翻譯ハ早ヤ已ニ其稿ヲ脫セリ

然レ𪜈此等ハ皆深遠ノ學說高尚ノ論理ニシテ世間一般ノ需用ニ應シ難ク所謂學者ノ參考書類タルヘキノミサレハ其說ク所ハ緻密ナリ其論スル所ハ蘊奧ナルモ奈何セン一朝一夕ノ自修豈能ク政治學ノ一斑ヲタニ窺ヒ知ルコトヲ得ンヤ是ニ於テ政治學ノ要領ヲ拔摘シタル小册子ハ本邦今日ノ實況ニ於テ最モ必要ナルモノト思諒セル折柄帝國大學ノ學友土岐君英國人「ラーレー」ノ著述ニ係ル國家學要論ヲ翻譯シ

來テ余ニ序ヲ求メラル蓋シ此書ノ目的タル著者ノ緒言ニ載スルカ如ク政治學ノ深理奥義ヲ説クニ在ラス唯政治學ノ熟字意義ヲ解釋シ其學理論説ノ概畧ヲ列記シ讀者ヲシテ益進ンテ政治學ヲ研究セント欲スルノ念慮ヲ喚起セシムルニ在リ夫レ塵積ンテ山トナリ釐集テ圓トナル物ハ粗ヨリ精ニ及ホシ學ハ易ヨリ難ニ進ム是レ世人カ熟知スル通義ナリ富嶽ノ絶頂ニ登テ東海東山二道ノ勝景ヲ眼下ニ見下シ脚底

ニ急雨迅雷ヲ見聞スルモ其初メハ御殿場須走等低下ノ場所ヨリ登ルニアラスヤ、兩岸茫々數百ノ船艦往來シ南北交通物産ノ消流ヲ增進シテ北米合衆國ノ富源ヲ開發シタル者ハ「ミツシツシピー」ノ大河ナリ然レモ其源流ヲ探レハ彈丸黑子ノ如キ「イタスカ」ノ一小湖ヨリ出ルニアラスヤ、佛帝ノ宮殿ニ屹立シテ辨論堂々遂ニ佛國ノ兵士ヲシテ十三州ノ義民ニ應援シ以テ米國獨立ノ大功ヲ奏セシメタル「フランクリン」ノ博學卓識モ其階梯ハ居村ノ貸本屋ヨリ毎夕借出シタル書籍ノ自脩ヨリ始マルニアラスヤ此書ノ如キモ深遠蘊奥ノ論說ハ之ヲ載セス各國政事ノ沿革ハ之ヲ掲ケスト雖𪜈政治學ニ普通ナル熟字意義ヲ略說シ初學ノ人々ヲシテ其學理論說ヲ解得シ一讀以テ政治學ノ一斑ヲ知ラシメ終ニハ政談ヲ聞クニ當テモ學術的ノ標準ヲ以テ其正邪ヲ識別シ又政事ヲ論スルニ及ンテモ政治學ノ論理ニ依テ其當否ヲ判斷セシム

ルコトヲ得ルニ及ンテハ其効蓋シ少小ニアラサルナリ抑此書ニシテ果シテ能ク世人ノ購讀スル所トナラン邪王公貴人ノ夜會ナリ書生寒士ノ下宿ナリ鐵道馬車ヤ寒村僻邑ノ田畔モ洗湯場裏ヤ理髮店前モ苟モ人ノ相聚テ政事ヲ談論スルモノハ只一時ノ雜談一坐ノ空論ニ止ラス或ハ雜誌ニ或ハ新聞ニ掲載登記シテ以テ天下ノ輿論ヲ喚起スルニ至リ又在朝在野ノ政事家モ其談論ノ如何ヲ知ラント欲スルコト猶ホ

英國政府カ「ハイド、パーク」ニ集會シタル人民ノ演說ニ注意スルカ如キニ至ルヤモ測リ知ルヘカラス然リ而シテ區々タル此小册此ノ如キ大効果ヲ奏センコト或ハ望ムヘカラサルカ如シト雖モ世ノ政事ヲ談論スル者ヲシテ其標準ヲ知ラシメ其規矩ヲ得セシムルコトニ至テハ決シテ疑ヲ容レサルナリ依テ聊カ所見ヲ記シテ其序ニ代フ

明治二十年十一月　金子堅太郎識

凡例

一本書ハ英國「オキスホルド」大學ノ博士トーマス、ラレー氏ノ著ニ係ル小冊子ニシテ原名「エレメンタリーポリチックス」ト題スル者ヲ譯セシナリ

一人名地名皆ナ假字ヲ以テ原音ヲ塡シ人名ハ右傍地名ハ左傍ニ單線ヲ畫ス但皇帝ノ姓氏及ヒ吾人ノ最モ熟聞スル地名ノ如キハ從來飜譯家ノ例ニ倣ヒ尚ホ塡スルニ漢字ヲ以テス

一註釋ハ譯者曰ノ三字ヲ冠スル者アリ單ニ（）ヲ以テ區畫スル者アリ均シク皆ナ譯者ノ自註ニ係ル

一抑〻國家學ナルモノハ目下我邦最必用ノ學ナリ而シテ又最浩瀚煩碎ノ學ナリ而シテ今譾劣余ノ如キ者敢テ之ヲ飜譯ス顧フニ原文ノ譯ヲ誤リ典故事例ノ解ヲ謬ル者亦尠少ナラサル可シ況ンヤ發兌時日

切迫ニ際シ十分校正スルニ暇アラサルヲヤ其讀者ニ厭カサルヤ知ルヘシ然レモ余ノ微衷ハ大方君子斯學ニ必樞ノ書ヲ著サンヿヲ希望シ幷セテ余モ亦異日稍〻高尙ノ書ヲ著述セントト自ラ警スルノミ讀者其レ之ヲ諒セヨ。

明治廿年十月下旬

土岐僙識

國家學要論目次

丁數

國家學要論

英國「オキスホルト」大學校博士
トーマス、ラレー　原著
日本　土岐　僙　補譯

第一章　社會ノ起原

社會ニ關シテ第一ニ講究スベキハ元來社會ハ何如シテ成立セシヤノ問題是ナリ即吾人々類ハ何故ニ群居シテ社會ヲ作ルヤ何如ナル時ヨリ吾人ハ社會ヲ作リ始メシヤ等是レ皆講究セサルベカラサルナリ余輩請フ試ミニ之ヲ論セン

夫レ人ハ群居ヲ好ムノ動物ナリ同情相憐ミ同氣相求ムルノ念深キ動物ナリ故ニ他人ヲ敬慕シ他人ノ行爲ヲ摸倣シ又他人ニ敬慕セラレ自

己ノ行爲ヲ摸倣セラルヽヿヲ好ム右ハ吾人ノ天性上群居シテ社會ヲ組立セサルベカラサル所以ノ内部ノ活動ヲ述ヘタル者ナリ然レ𪜈今若シ内部ノ活動ハ實際左程强大ナラズトスルモ吾人ニハ猶ホ群居シテ社會ヲ作ラザルベカラサル所以ノ外部ノ必用アリ蓋一個獨立ノ動物トシテ之ヲ視レハ世ニ人類程賴ミ少ク生活ヲ營ミ能ハサル者アラス是レ吾人カ群居シテ社會ヲ作ラサルベカラサル所以ノ外部ノ必用ナリ

右ニ陳述セシガ如ク社會ノ成立ハ内部ノ活動ト外部ノ必用トニ由ル者ナレハ吾人々類カ地球上ニ出現セシ以來既ニ已ニ社會ノ存立セシヤ疑フベカラザルナリ且夫レ之ヲ歷史上ニ照見スルニ歷々其証跡ヲ見ルヿヲ得ルナリ他ノ人類社會ト別居シテ生立セシ一個人一家族ノ存在セシコトハ稀ニアリタレ𪜈要スルニ人ハ群居シテ社會ヲナス者

ニシテ從來常ニ社會ヲ成立セリ

社會ハ民約ニ由ルノ論

前段ニ於テ余輩カ陳述シタル社會論ハ歐米各國ノ政治家中ニ大ニ行ハレタル社會論トハ全ク反對ノ者ナリ第十七世紀第十八世紀ノ頃ニハ政治學上ノ問題ヲ講究スルヿ盛ニ行ハレシカ歷史ノ教育ハ十分ニ行ハレザリシ是ニ於テ智慧アル學者輩ハ人類ノ起原ニ遡テ社會ノ狀況ヲ探求スルヿヲ務メズシテ各其持論ニ適スルカ如キ證跡ヲ擧ケ以テ社會ハ或ル格段ナル方法ニテ創造セラレ得ルナリ又創造セラレサルベカラザルナリト論及セリ此ノ諸輩ノ講究セシ結果ノ主要ナル者ハ即チ彼ノ社會ハ民約ニ由ルノ論是ナリ今該論ノ要點ヲ擧クレハ左ノ如シ

民約論者曰ク創造ノ際ニハ人ハ孤立シテ住ミ或ハ小部落ヲナシテ住

ミタリ人ノ天性ハ善ナル者ナリ其要求多カラズ之ヲ供給スルヿ難カラス政府ヲ要セス又壓制ヲ受クルノ憂ナシ人類創造自然ノ狀況此ノ如シ然ルニ歲月ヲ經ルニ從フテ漸々群ヲ爲シテ大部落ヲ作ルニ至ル是ニ於テ衆民ノ間ニ規約ヲ立テ第一各人皆全衆ノ保護ヲ受クベシ第二全衆ノ利害ニ關スル事件ニ關シテハ各人皆全衆ノ意志ニ服從スベシト約束ス此ノ約束ノ成ルヤ直ニ擅橫ナル者出テ來リテ財寶ト權力トヲ畧奪シテ之ヲ自己ノ有ニ歸セシメンヿヲ謀ル乃チ宗敎的政治的ノ僞說ヲ作リ以テ自己ノ畧奪ヲ正當ナラシメンヿヲ欲ス彼ノ奢侈ナリ貧困ナリ王侯貴人ナリ法主門跡ナリ其他開明社會ヘ毒害ヲ流ス所ノ害物ハ皆是ヨリ生出シ來ルナリ故ニ吾人カ再ヒ創造自然ノ古ニ復シ社會生立以前ニ享有シタル權利ヲ恢復スルニアラサレハ以上ノ毒害ハ決シテ除去シ能ハズト是民約論ノ大要ナリ此ノ論タル「ルーソー」

其人ノ如キ大家ノ名筆ヲ以テ之ヲ叙述スル時ハ大ニ衆人ノ意ニ合フカ如シト雖𪜈委細ニ之ヲ點撿セハ往々事實ニ相違スル所アルヲ見ン夫レ人ノ天性ハ惡ニアラス亦善ニアラス善惡混同ノ活動力ヲ有スル者ナレバ之ヲシテ能ク善良ナラシムルニハ之ヲ敎訓學習セシメサルベカラス太古鼓腹擊壤ノ時アリタリト謂フ者アレ𪜈是單ニ史家ノ擬設タルニ過キスシテ實ニ是アリタルニアラス人類太古ノ歷史ハ其實爭鬪困苦ノ記事タルノミ要スルニ彼民約論ナル者ハ事實ニ違反スル者ナリ論者ガ主張スルカ如ク吾人ガ一致結約ノ手續ヲ爲シテ以テ社會ヲ作リタルノ證跡ハ未タ曾テ之ヲ見サルナリ創造蒙昧ノ人民ニ於テハ一致結約等ノ思想ハ未タ之ヲ了知セザルヘシ已ニ之ヲ了知セズ安ソ能ク一致結約ヲ以テ社會ヲ組立スルヿヲ得ベケンヤ其大ニ事實ニ違反シタル論ナルニモ關セス民約論ハ廣ク世人ノ稱道スル所トナ

リタリ就中自由主義ノ政治家ハ尤モ之ヲ主張セリ夫レ革命變動ヲ欲スル人民カ其常ニ不平ヲ唱フル所ノ弊風毒害ハ皆是不正ナル制度法律ノ結果ナリ此ノ制度法律ハ偶然ノ結約ヲ以テ作リタル者ナレバ之ヲ變更シ之ヲ廢棄スルモ毫モ妨ナシトノ論ヲ喜ブハ勢ノ尤モ自然ナル者ト曰ハザルベカラズ且民約論ノ世ニ行ハルヽ所以ハ該論者カ常ニ使用スル自然ト曰ヒ天ト曰フ文字中ニ世人ノ意ニ適ヒタル者アルニ由ルナリ論者動モスレバ則曰ク天性ナリ天賦ノ權ナリ創造自然ノ古ナリト然レ𪜈論者ガ所謂天トシ自然トスル所ハ亦是誤解タルナリ請フ之ヲ論セン夫レ天ト曰ヒ自然ト曰フ者ハ何ソヤ簡短精確ニ之ヲ解セハ即チ現在ノ事物ト現存ノ諸力トノ混同ナリト謂フヘキナリ然ルニ論者ノ所謂天ナル者ハ神聖ノ意ヲ寓スルナリ吾人々類ノ自然ニアラザルナリ信向歸依ヲ要スル神靈ニハアラサレ𪜈尊敬服從ヲ要ス

ル實躰ナリ善惡邪正ヲ一定スル者ナリ要スルニ第十八世紀ニ於テ自由主義ノ論者カ稱道シタル天ナル者ハ自然即チ天ニシテ天帝ニ屬スル至正至善ノ性質ヲ具有スル者ナリト曰フベシ然レモ余輩ハ則謂ラク實際ト想像トハ自ラ之ヲ區別セザルベカラズト余輩ノ所謂天ト曰ヒ自然ト曰フ者ハ人類ナリ事物ナリ目下實際ノ狀態ニ就テ之ヲ曰フナリ人類ハ當ニ此ノ如クナルベシ事物ハ當ニ此ノ如クナラザルベカラズト曰フガ如キ想像說ニアラザルナリ然リ而シテ目下實際ノ狀態ニ就テ之ヲ考フレバ社會ハ自然ナリ必要ナリ社會アラズンバ人類ハ一日モ立ツベカラザルナリ

第二章　創始ノ社會

數千年以前ニ於テ吾人ノ祖先ノ間ニ成立シタル社會ハ今日未開野蠻ノ人類中ニ成立スル社會ト趣ヲ同ウスル所甚タ多シ目下吾人社會ノ

間ニ生立スル現今ノ制度ヲ知ラント欲セハ人類創始ノ狀態ハ何如ナル者ナルヤヲ了承セザルベカラズ故ニ余輩ハ今其大要ヲ陳ベン

譯者曰ク夫レ社會ハ吾人々類ニ缺クベカラザル者ナルガ故ニ吾人カ地上ニ現出セシ爾來早ク已ニ成立セシ者ナルコトハ前章ニ論セシカ如シ然レ𪜈蒙昧野蠻ノ創始社會ヨリ今日開明ノ域ニ達セシハ何如ナル原因何如ナル次第ナルヤ之ヲ講究スルハ最切要ナリ以下二章ハ即此ノ問題ヲ解釋スルナリ

風俗習慣

吾人開明社會ハ法律ヲ以テ秩序ヲ維持セントス而メ吾人ガ法律ヲ施行スル所以ノ理由ハ法律ハ正當ニシテ且便利ナリト信スルカ故ナリ創始ノ社會ハ習慣ヲ以テ秩序ヲ維持セントス而メ習慣ヲ施行スル所以ノ理由ハ單ニ舊來ノ習慣ナリト曰フニ止ルナリ抑〻習慣ナル者ハ神

意ニ起因スル者アリ先賢古聖ニ起因スル者アリ唯偶然ニ起因スル者アリ其何ニ起因スルヲ問ハス一ヒ確定シタル習慣ハ悠久ニ確定スル者トセラルヽナリ古語ニ曰クミヂア人ペルシヤ人ノ法律ハ變更スルコトナシト蓋シ習慣法ノ謂ナリ

創始社會ニ於テ習慣ノ効力ヲ有スルヤ種族ヲ思フノ感情深キヨリ發スル者アリ而メ種族ヲ思フノ感情深キ所以ハ該社會ニ於テハ其民衆ハ皆同一眷屬ニ屬スル者ト思考スルカ故ナリ今其一例ヲ擧ケン「ジユース」人ハ皆謂ク吾人ハ皆イズレールノ子弟ナリ而メエブラハムノ子孫ハ皆祖先ノ習慣ヲ遵守セザルベカラズト然レモ余輩今之ヲ歷史ニ徵スルニ「ジユース」人皆必スエブラハムノ子孫ナラザルナリ

創始ノ時ニ於テハ宗敎的ノ感情ト種族的ノ感情ト殆ント同一密着セリ故ニ習慣ヲ破ル者ハ即種族ノ神ノ罪人ナリ已ニ種族ノ神ノ罪人ナ

レハ嚴刑ヲ以テ之ヲ處セザルベカラス太古習慣法ノ苛酷ナル所以蓋シ是カ爲ノミ古典ニ曰罪惡ヲ犯ス者ハ死ニ當ルト而メ習慣ヲ破リシ者ハ大抵皆彼ノ罪惡ヲ犯シヽ者トセラルヽナリ

創始ノ人民ハ一定ノ習慣法ヲ組織シテ以テ其社會ヲ保全セザルベカラズ即チ外ハ敵民ノ攻擊ニ對シ內ハ人民ノ私意ニ對シテ慣習法ノ破ラレザランヿヲ務メザルヘカラス實ニ之ヲ爲シ得ルト否トニ由テ創始人民ノ存亡興廢ハ定マルナリ能ク之ヲ爲ス者ハ存シ之ヲ爲シ能ハサル者ハ亡フ故ニ此ノ如ク苦辛艱難ヲ經過シテ定リタル習慣法一ヒ立ツ時ハ人民ハ熱心尊敬ヲ以テ之ヲ保守センコトヲ欲ス創始人民ハ一個人カ其棲息スル社會ニ行ハルヽ法律ヲ批評スルノ權利ハ允スベカラサル者トス開明ノ人民間ニ於テスラ古例舊慣ハ長ク存在シテ諸〻ノ法律諸〻ノ政治ノ基礎トナルナリ試ミニ我英國ノ法律ヲ見ヨ大抵皆

其基礎ヲ數百千年前我本元ノ種族タル「アーリアン」人種中ニ行ハレタル習慣ニ取ルニアラスヤ開明社會ニ於テ猶ホ且此ノ如シ習慣ノ創始社會ニ尊信セラルヽ亦宜ナラスヤ

習慣ナル者ハ常ニ一定シタル者ノ如シト雖圧狀況ト思想ノ維新スルニ從フテ常ニ變更スル者ナリ試ミニ上古制度ノ成リ行キヲ看ヨ例ヘハ婚姻法ノ如キ所有法ノ如キ皆是漸次改進發達スル者タルヿヲ知ラン習慣ノ行ハルヽ時代ニ在リテハ習慣ノ改進發達ノ狀況吾人ニ知覺シ難シ然レ圧法律ノ行ハルヽ時代ニ在リテハ吾人ノ知覺スル變更アリ知覺シ得サル變更アリ二者並ヒ行ハルヽナリ

社會的部族ノ發達

譯者曰ク社會ハ何ノ元素ヨリ成立スルヤ一個人集リテ社會ヲナスヤ一家族集リテ社會ヲナスヤ部族相集リテ社會ヲナスヤ之ヲ知ル

ヿ甚切要ナリ一家族トハ家長一人アリ妻子奴隷等ヲ有シ社會ヨリ獨立シテ自己ノ財產ヲ有ス此ノ如キ眷族ヲ謂フ部族トハ同血統ニ屬スル人種相集リテ部落ヲ作リ共同ノ生活ヲナスヲ謂フ創始社會ハ部族相集リテ社會ヲナス漸々進ンテ一家族相集リテ社會ヲナスニ至ル門閥家柄ヲ尊フ封建時代等是ナリ開明社會ノ元素ハ部族ニアラズ家族ニアラズ即一個人ナリ一個人相集リテ社會ヲ作ルナリ故ニ人々個々ノ權利增進シ各人皆十分ニ其力ヲ伸スニ足ルナリ以下部族制度ノ進步ヲ論ス

開明社會ニ於テハ各個人ノ權利ヲ尊重ス然レ𪜈創始ノ時ニハ一個人トシテハ毫モ權利ヲ有セス人々相集テ小部族ヲ作リ小部族集リテ社會ヲ爲ス一部族ニ屬スル人々ハ各皆血統ノ關係アル者ナリ實ニコノ關係アル者アリ單ニ是アリト假定シタル者アリ今若シ外人來リテ部

族ノ中ニ加ハラント欲セハ外人ノ生死存亡ハ偏ニ部族ノ手中ニアリ部族ハ之ヲ殺スモ可ナリ又之ヲ奴隷ト爲スモ可ナリ又嚴格ナル儀式ヲ爲シタル上部族中ノ一人ニ加フルモ可ナルベシ部族中ニ生レタル人ハ部族ノ習慣ヲ遵守セザルベカラス苟モ習慣ヲ破レハ嚴重ノ處分ヲ被ムルナリ人民ヨリ處分ヲ受クルコアリ部族ノ長ヨリ之ヲ受クルコアリ部族ノ長トハ部族ノ祖先カ有シタル權力ヲ相續掌握スル者ナリ此ノ如キ部族社會ニ於テハ開明進歩ハ爲シ能ハザルナリ此ノ如ク保守ノ精神堅クシテハ開明進歩ハ爲シ能ハサルナリ社會ノ進歩ヲ捗ラサントスルニハ先ツ部族ノ風保守ノ心ヲ破ラサルヘカラス夫ノ「アーリアン」人種ノ中ニ於テハ種々ノ原因アリテ能ク之ヲ破リタルニアラズヤ

漂泊ノ生活止ミ人民其居所ヲ定ムルニ及ンテ社會カ漸々種族ノ性質

ヲ失ヒ地方ノ性質ヲ取ルニ至ルハ自然ノ勢ナリ水草ヲ追フテ漂泊セシ人民カ定マリタル村落ヲ作ルニ至レハ共同ノ名稱共同ノ血統ハ漸々尊重セラレス共同ノ營業共同ノ家居漸々尊重セラルヽナリ常ニ漂泊スル部族ハ爭鬪ヲ事トスレトモ村落ノ人民ハ平和ヲ保持シ遂ニハ合同シテ益々大ナル社會ヲ作ラント欲スルナリ往昔ローマ大都邑ノ成立セシハ蓋シ此ノ如キ合同ニ起因セシ者ナラン社會カ地方ノ性質ヲ取リタルハ部族制度ヲ破リタル一原因ナリ

抑又富モ增シ幸福モ多クナルニ及ンテハ社會ノ生活ト區別シテ一家ノ生活ナル者見出セン今ヤ各人常ニ全部族ト合同スルノ必要ナク自己幷ニ其子弟ヲ顧ミルノ餘暇ヲ有シ共同財産ヨリ獨立シテ自己ノ財産ヲ所有スルノ餘地ヲ得ルニ至レリ是家族制度ノ起因スル所以ニシテ又部族制度ヲ破リタル所以ナリ

猶ホ他ニ部族制度ヲ破ルニ於テ與テ力アル者アリ即酋長ノ權力是ナリ其撰擧セラレタル大將タリ其累代ノ法主タリ政主タルヲ問ハス酋長ノ權力ハ常ニ部族制度ヲ破ルノ傾キアリ平時ニ於テ酋長ハ外人ヲ領內ニ入レテ土地ヲ耕シ牛羊ヲ畜ハシメ自ラ之ヲ監督ス戰時ニ於テ酋長ハ精兵ヲ撰ンテ隊伍ヲ作ルコノ選ニ與リタル者ハ其門閥ノ高下ニ關セズ皆貴族ニ列セラル丶ナリ酋長ニシテ數多ノ種族ノ上ニ權力ヲ及ボス者ハ即帝王ナリ而メ帝王ノ下ニテハ支配ノ區域漸〻廣大トナリ所謂國民ノ生活ナル者是ヨリ始ルナリ

政治的權力ノ起原

余輩前段ニ於テ創始ノ社會ヲ講究シ以テ近世社會ノ制度ハ大抵皆起原ヲ爰ニ發スルコトヲ見タリ今又其大要ヲ擧ケン君主制度ハ戰時大將ニ服從シ又共同ノ祖先ヲ尊敬スルニ始レリ貴族制度ノ起因ハ重キ

ヲ血統ニ歸シ又共同祖先ト尤モ親密ナル眷屬ヲ尊敬スルニ生セリ且已ニ論セシ如ク酋長ハ其權力ノ發達スルニ從ヒ自己ニ事ヘテ功績アル者ヲ擧ケテ貴族トナスコトヲ得ルニ至レリ是又貴族制度ノ一起原ナリ

且夫レ創始ノ社會ニ於テ已ニ共和ノ姿ナキニアラズ人民ノ集會アリテ酋長之カ議長トナリ長老部長ハ討議發論シ人民公衆ハ後席ニ列シテ議事ヲ傍聽ス是豈民政共和ノ胚胎スル所ナラズヤ

創始ノ社會ニ於テハ權力分離ノ何タルヲ知ラス是近世ト大ニ異ナル所ニシテ吾人ノ知ラザルベカラザル所ナリ酋長ハ或ハ大將トナリ或ハ判事トナリ或ハ法主トナル國家ト云ヒ敎會ト云ヒ家族ト云フ者ハ皆同一躰ナリ苟モ其社會ニ在ル者ハ皆軍事ニ使ハルヽナリ議事ニ與ルナリ同一宗敎ヲ信スルナリ其權力義務毫モ分離セサルナリ

所有ノ起原

夫レ一個人ノ所有ナル者ハ必要ニ起因スト曰モ不可ナカルベシ夫ノ動産ノ如キハ或ハ戰鬪ニヨリ或ハ勉强ニヨリ或ハ交易ニヨリテ之ヲ得ルベキ力ト熟錬トヲ有スル者ノ所有ニ屬ス是自然ノ勢ナリ然レ𪜈創始社會ノ富ハ土地其主ニ居ル而ソ當時土地ニ對スル一個人ノ所有ハ未タ之アラサルナリ一部族ニ屬スル者ハ各皆共同ノ土地ヲ保持スルノ權利ヲ有セリ而メ此ノ權利ハ共同耕耘ノ習慣ト時々ノ割リ替アルトニヨリテ保護セラルヽナリ此ノ制度タルヤ場合ニヨリテハ便利ナルコトアリ若シ其社會ノ占領スル土地豊穰ナル者ナリセバ該制度ハ其人民ノ間ニ稍均一平等ノ幸福ヲ與フルナリ是レ他方法ニ優ル所ナリ然レ𪜈若シ土地磽确ニシテ之ヲ耕スヿ大ニ困難ナリトセンカ此ノ如キ場合ニ於テハ土地共同所有ノ制度ハ大ニ不可ナリ何ト

ナレハ此ノ制度ニ於テハ各人皆全力ヲ盡シテ之ヲ耕スヿヲ爲ザレバナリ夫レ共同耕耘時々割替ノ制度ハ農業改良ノ爲ニ善ナラズ故ニ我カ英吉利ノ如キ國ニ於テハ夙ニ之ヲ廢棄シ土地所有ノ權利ヲ確定シ一個人ノ所有權トナシタリ蓋シ此ノ變更ノ際ニ方テ强者ハ恣ニ弱者ヲ損害シ以テ自家ノ所有ヲ廣大ナラシメタルカ如キコトアルハ往々見ル所ナリ然レトモ土地所有ノ權ヲ確定スルハ尤モ必要ナル事ニシテ産業ヲシテ固陋不正ノ習慣ヲ脱セシメ製産ノ方法ヲ改良スルニ於テ已ムベカラザル一大進歩ト曰ハサルベカラズ

太古ノ人民土地ヲ共同ニ所有シ共同ニ耕スヲ見テ世人或ハ謂ク太古ノ人民ハ之ヲ近世ノ人民ニ比スレバ一致和合ノ念深ク擅横ナル行ヒ稀ナリト然レトモ是レ大ナル誤謬ナリト曰ハサルベカラズ太古人民ガ土地所有權ヲ共同ニセシヤ是レ當時ノ人民カ高尙公明ナリシカ故ニ

之ヲナセシニアラザルナリ當時ノ人民ハ皆ナ甚貧困ニシテ其部族或ハ其村落ヲ脫シ獨立シテ生計ヲ營ムヿ能ハサルカ故ニ之ヲナセシナリ且夫共同權利ヲ維持スルニ關シテハ大ニ爭鬪擾騷ヲ惹キ起シタルナレ𪜈各種ノ利害相平均シテ漸ク之ヲ維持スルコトヲ得タルナリ必ス平穩ニ之ヲ維持シ得タルニハアラザルナリ蓋シ創始ノ社會ニ於テ群居相集ルノ念ハ甚タ深シ然レ𪜈是レ唯不知覺的ノ感情タルノミ互ニ相依賴セントテ各其隣人ニ附着スルハ天性ノ然ラシムル所ニシテ高尙ノ心ニ出ルニアラザルナリ開明社會ニ於テハ各人自ラ能ク知覺勘考シタル上ニテ他人ノ爲ニ力ヲ用ユルノ餘地ヲ有セリ此ヲ以テ彼ニ比スレハ太古ノ人民豈欽羨スベケンヤ

第三章　開明

創始ノ社會ニ於テ已ニ許多ノ非常人物出シカ故ニ産業上ニ政治上ニ

稍高尚ナル進歩ヲ現ハシタルヿアリ今其一例ヲ擧ケンニ上古エジプト國ニ於テハ已ニ數多ノ地方部落存在セリ此ノ部落ハ各皆強大ナル君主ノ下ニ屬スル者ニシテ集テ一大帝國ヲ作リ博識ナル僧侶ニ就テ敎法ヲ奉シ產業盛大ニシテ大ニ富實ナリシ是豈稍高尚ナル進歩ヲナシタル者ト曰ハザルベケンヤ已ニ此ノ如キ利益ヲ有スルト雖モエジプト國社會ノ狀況ハ未タ以テ滿足スルニ足ラス政府ハ即チ壓制ナリ敎法ハ即チ異端妄說ナリ人民ハ即無智无學ナリ且往々饑渴ニ迫ルコトアリ然ルニエジプト國ノ賢者輩ハ甞テ是等ノ弊害ヲ除去スルヿヲ思ハス社會ノ改良進歩ハ到底爲シ能ハザル者ト思考セシカ如シ其レ此ノ如シ故ニ余輩ハ乃チ謂ク創始ノ社會ハ其最進歩シタル者ニ就テ之ヲ言フモ毫モ開明ノ域ニ達セスト

グリース國ノ政治

グリース國人ハ最初エジプト國人ヨリ工藝文學科學ヲ學ビタリ然レ𪜈後ニ至リテハ是等ノ學藝ヘ皆自己特殊ノ思想ヲ加ヘ之ヲ改良進歩セリ元來グリース人ハ巧智ニシテ錬磨講究ノ才ニ富ムヿ大ニ他ノ人種ニ優レリ故ニグリース人ハ苟モ人類ノ利害ニ關スル問題ハ其事ノ何タルヲ問ハス百方人智ヲ盡シテ不羈自由ニ之ヲ講究セズンハ决シテ滿足スル能ハサルナリグリース人カ工藝及哲學ニ關シテ講究修得セシハ余輩今玆ニ記述スルヲ要セス然レ𪜈苟モ事政治ニ關スル限リハ余輩之ヲ不問ニ附スル能ハス故ニ今政治ニ關シテグリース人ハ何如バカリ講究修得セシヤ簡短ニ之ヲ論セン

初メグリース人カ歐洲ニ移住スルヤ創始ノ風ニ從フテ種族部族ヲ以テ區別シタル地方部落ヲ作リタリ然レ𪜈爾後グリース國ノ歴史ヲ看バ余輩カ前章ニ論セシ部族發達ノ順序ト正ニ相應スル所アルヲ知ラ

ン就中グリース國中アセンスノ歷史ハ其著例ト云ツベシ乃チ種族ノ區別ハ漸次變シテ地方ノ區畫トナリ地方部落ハ進ンテ都邑トナル都邑ナル者ハ政治的ノ新躰ニシテ未タ嘗テ見出セサリシ高尙ナル者ナリ實ニグリースノ都邑ハ近世ノ所謂國家ト稱スル者ト毫モ變ハル所ナキ一躰ナリ即此ノ躰ニ於テハ外交策、雄辨、演說、施政ノ熟錬、等十分ニ現ハレ政治上ノ主位ヲ占メタリ此ノ時期ニ於テハ社會ノ各人進ンテ力ヲ盡シ自由ヲ得、均一法律ヲ得ンコヲ務メ社會ノ發達ヲシテ自然ノ命數ニ一任セシメザルニ至レリ

グリース諸國ノ中政治上最進歩シタルハアゼンスナリ蓋シアゼンスガ隆盛ヲ極メタルノ時ニ方テハ其制度法律ハ方ニグリース國政治的思想ノ尤高尙ナル者ヲ躰認實行セシ者ト謂フモ不可ナカルベシ然レ𪜈余輩アゼンス國歷史家及政治學者ノ論說スル所ヲ見ルニ此ノ諸輩

ハ皆當時グリースニ見出セル社會ヲ以テ完全ナル者トセサルカ如シ此ノ諸輩カ常ニ講究セシ所ハ則何ヲカ道德ト云フヤ道德ハ何如ナル方法ヲ以テ之ヲ敎ユベキヤ等ノ問題是ナリ蓋シ當時ノ學者ハ是等ノ問題ハ社會ニ於テ最急ニシテ最貴重ナル者ト思考セルナリ當時グリースノ國人ハ唯重キヲ自由ニ歸シ道德ノ如キハ殆ンド措テ問ハザルノ勢ナルガ故ニ學者輩ハ皆大ニ之ヲ憂ヘ謂ク此ノ如クニテハ一國ノ存亡期スベカラズ今如シ一國民ノ其風俗ハ未開野蠻ナリトモ其道德堅固ニ其規律整頓スル者アリ來テ我ニ當ラハ我國ノ興廢知ルベカラサル者アリト然ルニ後年ニ至リテマセドニア國人ローマ國人前後グリースニ來攻シ以テ彼學者輩ガ先見セシ所果シテ誤ラサルコトヲ證シタリ

余輩今日ノ眼ヲ以テ之ヲ見レハグリース社會ノ缺點ハ善良ナル道德

ノ根本立タサルニアルコト益明瞭ナリ乞フ之ヲ論セン第一グリース人ハ慈悲心ニ乏シグリース人ハ自由ヲ以テ國士特有ノ權利トセリ所謂國士トハ國家ノ元素ト爲リ得ヘキ上等人民ヲ言フナリ看ヨ彼ノアセンスノ如キハ此ノ權利ヲ有セシ者僅ニ二万人ニ過キサルニアラズヤ此ノ二万人ノ國士ハ公務ヲ是レ事トシ粗野卑賤ノ業ハ悉ク之ヲ奴隷ニ委子タリ而メ奴隷ノ數ハ遙ニ國士ノ上ニアリ抑開明ノ生活ハ奴隷ナシト雖𪜈能ク之ヲ爲シ得べキ者ナリ然レ𪜈當時グリースノ國士中最賢ナル者ト雖𪜈之ヲ夢想スルタニ能ハザリシ者ノ如シ且夫レグリース社會ニ於テハ婦人ノ地位甚タ卑下ナリシ是又以テ其慈悲心ノ缺乏ヲ證スルニ足ルベシ

且グリース人ハ所謂屈從ノ德義トモ稱スベキ者ハ毫モ之ヲ有セス屈從ノ德義トハ何ソヤ忍耐ナリ克己ナリ互ニ相讓リ相容ルヽノ精神ナ

リ看ヨグリーズ諸國ニ於テ貧富間ノ爭ナリ貴賤間ノ爭ナリアゼンズ黨トスパルタ黨ノ爭ナリ是等ノ爭ハ皆非常慘酷ノ狀況ヲ呈シタルハ何ゾヤ是豈グリーズ人カ擅恣ナルノ致ス所ニアラサルナキヲ得ンヤ蓋シグリーズ人ハ黨派ノ勝利ヲ取ランガ爲ニハ何如ナル手段ヲ用ユルモ妨ゲナシトセシガ如シ乃チ信義ヲ重セス廉耻ヲ貴バス唯自黨ノ勝タンヿヲ是務メ甚ダシキニ至リテハ自國ノ敵黨ヲ仆サンカ爲ニ反テ援助ヲ外國人ニ請フ者往々是アルニ至リタリ夫レグリーズ國ノ如ク他善良ナル德義ノ多ク存在スル國ニ於テ亦タ此ノ如ク弊害アル黨派心ノ盛ナルハ豈歎ズベキノ至ナラズヤ要スルニグリーズ社會ニ於テ國家學上最貴重ナル點ハ人類自由ノ精神始テコヽニ發生セシ一事是ナリ而シテグリーズニ於テハ自由精神ノ功德ヲ蒙リタルヿ甚顯著ナリシモ其幣害ヲ受ケタルヿモ亦甚大ナリシ

ローマ法

ローマ國人ハグリース國人ノ如ク華輝壯麗ノ人民ニアラスローマ人ハ工藝及ヒ哲學ニ新機軸ヲ出シタル｜甚鮮シ然レ圧其日常必要ノ德義ニ於テハ十分グリース人ノ缺乏セシ所ヲ補ヘリ蓋シローマ人ハ忍耐アリテ規律正ク記事計算ヲ好ミ互ニ相讓テ和信ヲ整ヘ法律規則ヲ編纂スル等ニ巧ミナリグリース人ハ好ンテ自由及均一法律等ノ理論ヲ講究シ權勢ヲ貴ハス規矩ヲ重ンセス之ニ反シテローマ人ハ小ハ則一家族大ハ則國家ニ於テ共ニ權勢ヲ貴重シ之ニ服從セリ而メローマ人ハ又其部下ノ者ニ對シテ十分ノ權利ヲ讓與シ毫モ惜ム所ナシ乃チローマニテハ奴隷ナリ子女ナリ既婚婦ナリ皆幾分カ自己ノ財產ヲ所有スルノ權利ヲ有シタリ且夫レローマ人ハ外國或ハ外國人ト交接スル時ト雖圧平等均一ヲ主トセリ故ニローマノ同盟者及其部下ハ漸〻其

自由ヲ増加シ遂ニハローマ國土タルノ全權利ヲ有スルニ至ルコトヲ得ルナリ故ニ余輩謂クアゼンスニ服從スルトハ賦租ヲ出シテ高慢ナル高上人民ノ政略ニ服從スルノ言ヒナリローマ人ニ服從スルトハ當時世界ニ於テ最勢力アル都邑ノ國土カ享有スル利益ト名譽トヲ分得スルノ言ヒナリト蓋シローマ人カ此ノ如キ公明正大ナル政略ヲ行フ所以ハ一ハ其私利ヲ謀ルコト遠大ナルニ由リ一ハ又其意志ノ高尙ナルニ由ルナリ

且ローマ人ハ自然ニ他ノ人民ヲ支配スルニ必要ナル天性ヲ具有セリ即チ自國權力ノ影況ヲ及ボスベキ他社會ノ制度法律ハ悉ク之ヲ講究セリ然ルニ之ヲ爲スニ於テローマ人ハ何レノ社會ノ制度法律ニ於テモ必ス皆同一樣ニ之ヲ含有スル元素ノ存在スルヿヲ發見セリ元素トハ何ソヤ公正ト便益トノ二者是ナリローマ人ハ之ノ二者ヲ名ケテ國

民ノ法則ト稱セリ是實ニ甚タ貴重ナル法則ニシテ法學者政治學者ハ之カ爲ニ大ニ其知見ヲ開キタリ其後ローマ人ガグリース哲學ヲ講修スルニ及ンデローマ人ハ彼ノ國民ノ法則ヨリモ其區域猶ホ廣大ナル自然ノ法則ナル者ノ存在スルヿヲ發見セリ蓋シローマノ賢輩ハ此ノ法則ニ從フテ自己ノ言行ヲ節制シ又其施行スル法律ヲモ節制シタリ然レ𪜈ローマノ賢輩ハ其講究シテ得タル理論ヲ實行スルニ當テヤローマ古來ノ道德規矩ハ措テ顧ミザルガ如キヿハ嘗テ之ヲ爲サズ必ス二者相折中シテ其宜キヲ得ンヿヲ務メタリ要スルニローマ人ハ一方ニ於テハ連リニ國ヲ合セ又之ヲ治ムルニ汲々タリシカ是ト同時ニ一方ニ於テハ又正理ヲ尋子公義ヲ探リテ法律ヲ改良シ無用ノ制限ヲ廢シ事業社會ニ必要ナル新法ヲ編纂スルニ汲々タリシ開明諸國ノ法律カ皆基礎ヲローマ法ニ取ル所以ノ者ハ蓋シ爰ニ存スルナリ

然リト雖モローマ人モ亦何如ナル方法ヲ以テ中等以下ノ人民ニ道德ヲ敎ユベキヤノ問題ヲ解ク能ハサリシ此ノ點ニ於テハローマ人モ亦グリース人ニ異ナラサルナリ夫レ彼ノ自然ノ法則ナル者ハ自ラ進ンテ身ヲ修メ行ヲ正フセントスル者ノ爲ニハ有用ナリト雖モ尋常一般ノ人民ヲシテ慈悲ノ心ヲ起シ善良ノ行ヲ爲サシムルニハ更ニ其効ヲ見サルナリ是ヲ以テローマ社會ノ隆盛ヲ極メタル夫ノオーガスタスノ時ニ方テハ道德地ニ墜チ不德ノ行異端ノ說大ニ行ハレタリ故ニ當時ノ學者或ハ歎シテ曰ク今ヤ不德反テ德義ニ勝ツノ世トナリタリ嗚呼吾人カ買フタル所謂開明ナル者ノ價値ハ高キニ過キタリ昔ローマ創立ノ際ハ社會貧困ナリシカ故ニ不德ノ行モ亦狹少ニメ之ヲ今日華麗ノ世ニ比スレハ其孰レカ優レルヤ知ルベカラザルナリト

耶蘇敎

抑歐米各國ノ政治上及ヒ社會上ニ大關係ヲ有スル夫ノ耶蘇敎會ノ起原ヲ尋ルニ始ハ唯單一ナル人民ノ集會ヨリ起リシモノナリ蓋シ此ノ集會ハ耶蘇ヲ信スル者カ耶蘇ノ來降ヲ待チ耶蘇ヲ尊敬シ又互ニ相敬愛センカ爲ニ作リタル者ニシテ純粹ナル同志者ノ私會ナリ故ニ最初ハ政治上ノ關係ハ毫モアラザリシナリ試ニ新約全書ヲ看一看セヨ耶蘇敎ガ社會ノ弊害ヲ矯正シ開明ノ風ヲ一新スルカ如キ希望ヲ有スル所之アリヤ決シテ之アラザルナリ耶蘇敎徒ハ自ラ進ンテ世界ノ害惡ニ關渉スルコト毫モ之アラザルナリ耶蘇敎徒ハ唯耶蘇カ世界ニ降臨シテ世界ノ罪惡ヲ平滅シ以テ世界ヲ耶蘇ノ有ニ歸セラレンヿヲ期望スルニ止ルナリ耶蘇ノ降臨アル迄ハ其敎徒ハ忍耐シテ憲法上ノ權勢ニ服從セザルベカラサルナリ耶蘇敎徒ノ敎ヘラルヽ所此ノ如クナルニアラズヤ

然ルニ爾後此ノ世界ノ君主カ改宗シテ耶蘇教徒トナルニ及ンテ前段ニ陳ヘタル者トハ全ク異リタル教會起リ來レリ乃チ確立シタル政府ノ保護ヲ受ケ確立シタル政府ト協力シテ互ニ生存スルカ如キ堂々タル教會起リ來レリ是ニ於テ夫ノ「耶蘇教徒ハ世界ノ內ニ存在スル者ニシテ世界ノ者ハ皆耶蘇教徒ニアラズ」トノ創始ノ思想ハ全ク絕エタルニアラスト雖𪜈然レ𪜈耶蘇教カ種族的ノ宗教トナリ國民的ノ宗教トナリ政治的ノ宗教トナリ耶蘇教國ニ於テハ法律ヲ以テ人民ヲシテ强テ之ニ歸依セシムルニ至レリ是ニ於テ彼ノ創始ノ思想ハ殆ント全ク忘レラレタル者ノ如クナリタリ

余輩今試ニ耶蘇教ハローマノ社會ヘ何如ナル影況ヲ及ボシタルヤヲ論セン耶蘇教會ハ耶蘇經典ニ出ル所ノ神論及道德論ニ解釋ヲ下シ以テ之ヲシテローマ帝國內ニ行ハルヽ社會的ノ諸力ト混一和合セシメ

タリ是ヲ以テローマ帝國ノ社會ニ於テ耶蘇教ノ主義ノ大ニ行ハレタルヲ知リ得ベシ今其一二例ヲ擧レハ舊來ノ種族主義ヲ破ルニ於テ耶蘇教與テ大ニ力アリタリ又國民的ノ政府ヲ作ルニ方テ其能ク秩序ヲ保チ一致ヲ爲スコヲ得タルハ耶蘇教ノ元素大ニ効ヲ奏シタルナリ其他ローマ帝國カ法王ト皇帝トヲ含蓄シテローマ神聖帝國ト稱セラルルニ至リシモ亦ローマ社會ノ開明ニ於テ耶蘇教主義ノ大ニ入リ込ミタル著シキ表影ト謂フベシ且耶蘇宣教師ハ何ノ地ニ移住スルモ到ル所必ス多少ノ學問多少ノ産業多少ノ工藝ヲ布教シタリ是レ又開明ト耶蘇教ト大關係ヲ有スル所以ナリ

耶蘇舊教カ政治上ノ思想ニ及ポシタル一大援助ハ權勢ハ神意ニ基クトノ論是ナリ請フ試ニ之ヲ陳ベン耶蘇教師ノ說ニ曰ク夫レ人ハ完全ノ動物ニアラス過誤失錯アルヲ免レサルナリ私意擅横ヲ免レサルナ

リ故ニ之ヲシテ正道ヲ守ラシメンカ爲ニハ法律ト經典ヲ要スルナリト此ノ説タルヤ如シ適當ニ之ヲ主張セバ正ニ人生ノ事實ニ合フ者ナリ然レ𪜈神學者輩ハ之ヲ誇大ニシテ誤謬ニ陷ラシメタリ彼ノ輩ハ人ハ罪惡深キ者ナリト言フヲ以テ滿足セス苟モ自然ニ發シタル意志ハ悉皆善ナラス人ハ其感情ヲ抑制シ又之ヲ信スルモ不可ナカルベシト考フルコトヲモ敢テ之ヲ擯斥スルニアラズンハ善良ナルコト能ハズト説敎セリ且彼輩ハ權勢ハ政府及敎育ニ必要ナル者ナリト言フヲ以テ滿足セス國家ニ於テモ敎門ニ於テモ苟モ權勢ノ成立スルアレバ默々之ニ服從セザルベカラスト敎ヘタリ而メ彼輩ハ其權勢ヲ握ル者モ亦人類ナレバ其過誤失錯私意擅横ヲ免レサルヿハ毫モ他ノ人類ニ異ナルヿナキ所以ハ措テ之ヲ問ハス彼輩ハ法王及皇帝ハ神ノ委任ヲ受ケテ支配スル者ナルカ故ニ之ニ反對スルハ勿論唯單ニ之ヲ批評スル

モ是レ大ナル罪悪ナリト説キタリ

中世ニ至テ耶蘇教ハ稍高尚ニ進ミグリース哲學ノ途ニ解キ能ハザリシ社會的ノ問題ヲ解キタリ即チ中等以下ノ人民ニ德義ヲ敎ユルノ考案ヲ見出シタリ然レ𪜈概シテ之ヲ言ヘハ其教師ハ皆眞正道德ノ點ヨリ社會ヲ認視セス故ニ其言行往々撞着スル所アリ當時ノ耶蘇教師ハ人ニ對スルコト甚タ嚴格ニシテ自ラ守ルコト甚タ周密ナラス眞理ヲ取ラスシテ教法ヲ墨守シ德義ヲ奬勵セスシテ神靈ヲ尊信セシムルヿヲ務メタリ自ラ人民ノ牧師ナリト稱スレ𪜈人民ハ反テ牧者ナキ牛羊ノ如ク所々ニ散亂セリ

第四章　近世社會

古代史ハ何クニ終ルヤ近世史ハ何クヨリ始ルヤノ問題ハ史家中往々其説ヲ異ニシ喋々トシテ之ヲ辨スル者アレ𪜈余輩ハ則謂ク古代ト近

世トノ間ニ精確ナル區別線ヲ畫スルハ到底爲シ能ハサル所ナリ又强テ之ヲ爲スハ余輩ノ喜マサル所ナリ何レノ時代ト雖𪜈吾人カ全ク新シキ生活ニ入リ全ク新シキ社會ヲ作ルヿハアラサルナリ吾人ハ常ニ必ス吾人ノ祖先ヨリ傳來シタル習慣及信向ヲ持シテ生活ヲナシ社會ヲ立テザルベカラズ全ク舊來ノ風習ヲ脱シ全ク傳來ノ性質ヲ失フコトハ到底爲シ能サルナリ

然レ𪜈今試ニ近世社會ノ起原ヲ尋レハ第十六世紀ニ生シタル二大變動ヲ以テ余輩ハ近世社會ヲ造リタル起原ナリト曰ハントス二大變動トハ何ソヤ學問ノ再興及宗教革命是ナリ一ハ則一旦蒙昧暗黑ニ陷ラントシタル歐洲ヲシテ文化燦爛タル開明ニ恢復シ一ハ則澆季弊害ノ耶蘇教ヲ脱シテ創始活潑ノ教旨ヲ恢復セリ而メ此ノ二者互ニ相密接關渉スル者ナリ若シ「プロテスタント」新教ノ熱心ト力ヲ協セザリセハ

新起學問ノ歐洲ニ及ボセシ効力ハ決シテ彼ノ如ク廣大ナル能ハサリシナランヌ學者輩カ法王擅權ノ非ヲ鳴ラシ先賢古聖ノ說ヲ妄信スルノ弊ヲ誹ラサリセハ宗敎革命者ハ決シテ其目的ヲ達スル亅能ハザリシナラン此ノ點ニ於テハ此ノ如ク宗敎ト學問トハ並ビ進ンテ相助ケタリト雖ヒ是常ニ此ノ如クナルニアラス二者全ク別離シテ進ミシコトアリ二者互ニ相敵視シタルコトアリ是等歷史上ノ長キ事實ハ此ノ如キ短少ナル書中ニ敍述セラルベキニアラズ然レヒ余輩ハ今其大要ヲ摘ンテ簡短ニ之ヲ略陳セントス

耶蘇新敎

宗敎革命ノ論者曰ク眞理及權利ノ基礎ハ神語ニ在リ然レヒ或ハ口碑ニ據リ或ハ高僧智識權勢アル法主等ノ說ニ由リテ傳達解釋シタル神語ハ以テ眞理及權利ノ基礎トナスベカラズ各信徒ノ良心ニ訴ヘ判決

ニ任シテ之ヲ傳達解釋シタル神語コソ眞理及權利ノ基礎ナリト謂フベケレト權勢ニ加擔スル論者之ヲ駁シテ曰ク如シ各人皆自己ノ意思ニ從フテ解釋ヲ下シ判決ヲ爲シタランニハ何如ナル敎法モ遂ニ立ツベカラズト且新敎黨ヲ誹毀シテ曰新敎黨ハ自黨ノ間ニテ互ニ相分離違反セリ新敎黨ノ中ニハ經典ヲ濫用シテ甚危險ナル自家ノ僻說偏行ヲ正當ナラシムルノ口供ニ充ル者アリト此ノ如キ非義ヲ受ルカ故ニ新敎ノ先導者ハ敎門ニ於テモ國家ニ於テモ更ニ權勢ノ新主義ヲ組織シ以テ自黨ノ結合鞏固ヲ謀ラザルベカラザルノ勢トナリタリ乃チ新敎ノ先導者ハ「人ハ天性善良ナル者ニアラズ」トノ耶蘇敎創始ノ敎ヲ取リ來リテ新主義ノ關門トシ干涉强迫ノ說ニ附着シタリ而ソ新敎ノ先導者ハ神ノ法則ヲ以テ直ニ之ヲ社會ヘ應用スルコトハ自己十分能ク其力ヲ有スル者ト確信セリ抑〻歐洲ニ於テ新敎徒ノ少數ナルハ勿論ナ

ルカ其少數ナル新敎徒ノ中ニテモ熱心ナル宗敎革命者ハ實ニ僅々ナルノミ夫レ少數者ニ取リテハ信向ノ自由本心ノ自由ヲ唱フルヿ最利益アル者ナレハ宗敎革命者モ亦此ノ說ヲ主張シタリ而メ其之ヲ稱道セシヤ自黨ニ取リテハ其効ナキニアラザリシ然レ𪜈信向ノ自由本心ノ自由ヲ主唱スル新敎黨ニシテ苟モ多少ノ權力ヲ得ルニ至レハ則謂ク舊敎ヲ廢滅スルハ新敎黨カ神ニ對シテ盡サヽルベカラサルノ義務ナリト而メ一旦新敎會確立スルニ及ンデハ則新敎黨ハ直ニ各人意思ノ自由ヲ允スコトヲ欲セザリシ新敎黨ハ此ノ如ク前後撞着ノ譏ヲ取リ始メニ意思ノ自由ヲ主張シナカラ今又之ヲ允スヿヲ欲セサルハ甚タ不都合ノ如クナレ𪜈是全ク恕スベキノ理由ナキニアラサルナリ蓋シ宗敎革命ノ生スルヤ必ス種々各々ノ異說新論續々トシテ起リ實際事ヲ處理スルニ於テ大混雜ヲ生スルノ憂ナキニアラス故ニ一定ノ敎

法ヲ確立シテ之ヲ强行スルヿ勢ノ已ム能ハサル所ナリ

之ヲ要スルニ宗教革命ハ種々ノ弊害ヲ生シタリト雖𪜈畢竟スルニ開明ノ方向ニ於テ一大進歩ヲ與ヘタル者ト謂ハサルベカラズ第一宗教革命ハ舊教社會ノ弊害ヲ除去シ耶蘇教國ノ道德ヲ純粹ナラシムルニ於テ大ニ力アリタリ宗教革命ハ又非常ノ中央集權ヲ防キ宗門ニ於テ新ニ數多ノ中心ヲ設ケ以テ權力ヲ分離シタリ且耶蘇新教ノ教旨タルヤ一個人ノ判定ニ由テ解釋セシ者ニ就テ之ヲ論スル𪜌ハ道理ニ背キタル所往々之有リト雖𪜈直ニ其教旨ノ全躰ニ就テ之ヲ論スレハ有益ノ者トセザルベカラス何トナレハ則新教ハ吾人ヲシテ自ラ顧ミ自ラ思考セシメ舊來ノ教徒ガ信スルカ如ク吾人ハ唯單ニ某宗門ニ屬スルト曰フノミノ故ヲ以テ救ハルベシトノ妄念ヲ棄却セシメタレバナリ是豈有用ノ教旨ナラズヤ

世俗政畧

第十六世紀及第十七世紀ニ於テハ政治上ノ問題ハ悉皆多少宗敎ト關係ヲ有シタリ然レ𪜈世俗的政畧ノ思想カ學者及政治家ノ胸中ニ發生シ來リタルモ亦方ニ此ノ時代ニアリトスマキヤバレーハ第十六世紀ノ始メニ繁盛セシ政治學者ナリ然ルニ余輩今マキヤバレーノ著書ヲ看ルニ宗敎的或ハ道德的ノ目的ハ毫モ之ヲ見ルヿ能ハズマキヤバレーハ政治ヲ以テ一種ノ營業ノ如ク考ヘシ者ノ如シ即チ之ニ關係シタル者ノ利益ヲ得ンカ爲メニ營ミタル无形的ノ業務トセシカ如シ而〆是レ獨マキヤバレーノミニアラス當時高名ノ政治家ハ皆此ノ心ヲ以テ事ヲ取リタルナリ故ニ此ノ輩ノ宗敎ヲ處理スルヤ即マキヤバレー風ニ之ヲ處理スルナリマキヤバレー風ノ處理トハ即全ク宗敎ヲ不問ニ付スルニアラズ但之ヲ以テ自家政畧ノ機關トセシナリ抑ゝ此ノ如ク

政治ヲ俗務的ニスルノ傾向ヲ生セシハ主トシテ二力ノ致ス所ナルヲ知ルナリ此ノ二力ハ我英國及其他ノ國ニ於テモ宗敎革命ヲ誘導スルニ最與テ力アリタル者ナリ二力トハ何ソヤ第一帝王ノ力ナリ第二中等社會ノ力ナリ

余輩先ツ當時旭日昇天ノ勢アル帝王ノ力ニ就テ之ヲ論セン夫レ法王ノ權勢衰ヘ封建ノ權利跡ヲ絕ツニ方テ各國々民ハ皆其歸スル所ヲ失ヒ帝王ノ權力ニ附着セリ蓋シ帝王ハ當時ノ政治的生命ヲ躰認スル中央權力ナレバ歸スル所ヲ失ヒタル國民ガ之ニ附着スルハ是レ自然ノ數ト曰ハザルベカラズ今我英國ニ就テ之ヲ看ヨ當時英國ヲ統御シタル「チユードル」家ノ帝王ハ宗敎上及政治上ノ思想ニ一大變動ノ生シタルヲ好機會トシ此ノ間ニ處シテ以テ自家ノ利益ヲ營ミタルニアラズヤ然リ而ソ此ノ革命變動ヲ利用セントスルニハ則世俗的ノ眼ヲ以テ

宗教ヲ視サルベカラス即チ當時ノ賢能アル英國帝王ハ皆宗教ヲ世俗ノ業務視シタリ例ヘハエリザベス女帝ヲ看ヨ余輩種々ノ狀況ヨリ之ヲ察スルニ女帝ノ眞ニ信向スル宗敎ハ耶蘇舊敎ニアルガ如シ然レ𪜈女帝ハ英國政治ノ中央權力ナルカ故ニ自己ノ信向スル宗敎ヲ棄テ一般人民ノ歸向スル耶蘇新敎ノ首領トナリテ政略ヲ施シタリ

政治ヲ俗務的ニスルニ最モ力アリタル第二ノ力ハ中等社會ナリ當時ノ中等社會ハ亦古代ノ中等社會ニアラズ其富ハ增加シタリ其權力ハ進步シタリ而ノ耶蘇新敎ハ主トシテ商人及中等士人ノ間ニ行ハレタリ是ヲ以テ中等社會ハ猶ホ多少存在スル法王ノ權力舊貴族ノ權力ヲ抑ヘテ以テ帝王ノ權力ヲ保持センコヲ務メタリ蓋シ中等社會カ自己ノ增進シタル權力ヲ應用スルヤ皆營業的ニ之ヲ爲シタリ即チ高尙ナル理論ヲ擯斥シテ實地安全ナル談判ヲナシ條約ヲナスコヲ是レ務メ

タリ是レ其法王及ヒ舊貴族ノ權力ヲ抑制シ帝王ニ加擔シタル所以ナリ然レヒ英國ニ於テハ中等社會ノ勢力益增進シ其後「スチユワルト」家ノ帝王カ擅橫ヲナシタル時ニ及テ中等社會ハ進ンテ帝王ノ權力ヲモ抑制スルニ至リタリ

夫レ殊別ナル數多ノ宗敎或ハ數多ノ論說カ同時ニ一社會ノ內ニ生存スルヿヲ允ス之ヲ宥容主義ト曰フ抑宥容主義カ始テ政治社會ニ入リ來リシハ彼ノ俗務的政畧ノ致ス所ナリ蓋シ宗敎々會ノ眼ヨリ看來レハ一社會ノ內ニ同等ノ自由ヲ以テ異種ノ論說カ同時ニ布敎セラルヽヿヲ允スハ到底贊稱シ能ハサル所ナルベシ然レヒ敎會ノ元素タル一個人敎徒ノ眼ヨリ看來レハ他ノ貴重ナル問題ニ關シテハ異說不同意ヲ持スル者モ單ニ政治的ノ目的ノ爲ニ同心一致スルハ毫モ妨ナキヲ見ルベシ試ニ彼ノオリバー、クロムウエル(英國革命軍ノ大將ナリ)ノ軍

ヲ見ヨ種々各々異樣ノ說ヲ持スル者ヨリ成立セシニアラスヤ然レ圧
其兵士タル義務ヲ盡スニ於テハ皆同一樣ナリシニアラスヤ即チ軍中
擧テ優美ナル本心ノ自由ヲ得ンカ爲ニ死力ヲ盡スベシトノ感情ヲ發
動セシナリ而メ其後クロムウエルガ政權ヲ掌握セシ時ニ方テクロム
ウエルハ各人ヲシテ悉皆同一樣ノ信心ヲ持セシムルヿハ到底爲ス能
ハサルノ事タルヲ覺リタリ已ニ之ヲ覺リタリト雖圧クロムウエルハ
又能ク宗敎熱心ノ一點ヨリ衆人ヲ合同スルハ決シテ難事ニアラザル
ヲ覺リタリ是ニ由テ之ヲ觀レハ宥容主義ハ主トシテ世俗政署ノ致ス
所ニアラズヤ

尊人說

第十七世記ニ於テ新敎主義ハ經典ヲ引用シテ敎會ノ權勢ヲ打破シタ
リ然レ圧第十八世紀ニ至ルニ及ンテ彼ノ經典ヲモ亦輕侮スルノ學者

輩出セリ此ノ諸輩ハ其經典タリ神意タリ帝王タルヲ問ハス苟モ權勢ニ服從シ聖賢ヲ妄信スルコハ悉ク之ヲ排斥シ唯道理ニ訴ヘ人情ニ由テ判定セザルベカラズト思考シタリ是ヲ以テ彼ノ「人ノ天性ハ善良ナラズ」トノ說ハ舊敎徒ノ說ク所モ新敎徒ノ說ク所モ皆非ナリト論シタリ此ノ諸輩ノ說ニ曰ク人ノ天性ハ善良ナリ故ニ吾人カ完成全美ノ域ニ達セントスルニ必要ナルハ權勢ノ誘導ニアラズ各人自己ノ天性ヲ全フシ得ル自由是ナリト乃チ主張シテ曰抑吾人社會ニ種々害惡ノ生存スルハ制度其宜シキヲ得ス政治ニ敎育ニ從事スル者ガ誤謬ノ說ヲ懷抱スルニ職由ス故ニ開明諸國ノ人民ハ其制度ヲ廢棄シ其法律ヲ改良シ人類自然ノ境界ニ歸リ天性ノ善良天賦ノ人權ヲ尊敬セザルベカラズト

右ニ陳ベタル理論ヲ說ク者ノ中ニテ最雄辨ナリシハルーソーナリ(ル

ルーソーハ一千七百十二年ニ生レ一千七百七十四年ニ卒ス)是等ノ論者ハ當時ノ宗敎者及政治家カ社會ノ幸福ヲ謀ルニ缺クベカラザル者ト思考セシ法律ノ中ニモ野蠻ニシテ且公正ヲ失スル者往々是アルヿヲ發露セリ是レ是等論者ノ社會ニナセシ大効益ナリト謂フベシ夫レ唯單ニ權勢ヲ以テ抑制スルモ社會ノ秩序ハ保持スルヿ能ハザル者ナリ何トナレハ則此ノ如クニシテハ人民毫モ其善性ヲ發達セス其良性ニ依賴セザレバナリ人各其善良ナル天性ヲ發シ以テ之ニ依賴スルニアラズンバ社會ノ秩序ハ保持スヘカラザルナリ然レ𪜈ルーソー派ノ論者ノ主張スルカ如ク毫モ斟酌スル所ナク毫モ附言ヲ加ヘスシテ唯偏ニ人ノ天性ハ善良ナリト曰フニ至リテハ是亦大ナル謬說ニシテ政治社會ヘ大ナル弊害ヲ釀ス者ナリト謂ハザルベカラズ蓋シ各人皆多少善良ナル天性ヲ具有スル者ナレバ此ノ善良ナル天性ヲ發達センガ爲

ニハ十分ノ自由ナカルベカラズ然レモ各人皆又卑陋ノ天性ヲ有スルナリ即愚痴ナリ貪欲ナリ瞋恚ナリ是等ノ天性ハ各人皆免ル能ハザル所ニシテ之ヲ抑制スルハ容易ノ事ニアラザルナリ然ルニルーソーハ則曰人ハ天性ヲ抑制スルヲ要セズ單ニ社會ノ機關ヲサヘ改良スレバ則天下ノ能事終レリト豈誤謬ノ甚シキ者ナラズヤ

尊人論者ガ懷抱セシ希望ハ最初ノ佛蘭西革命ニ於テ痛ク麼滅セラレタリ佛蘭西革命ノ政治家輩ハ當時存在シタル制度ヲ破壞シ所謂人性自然ノ古ニ恢復セント企圖シタリ而メ最初ノ失敗ハ是レ未ダ全ク破壞ヲ盡サヾルガ故ニ効ヲ奏セザルナリト分疏スルヿヲ得タリト雖モ已ニ帝王ヲ斬首シ貴族ヲ追竄シ敎會ヲ沒落シ其敵ヲ虐殺シ又互ニ相虐殺シ終ルニ及ンデ革命ノ徒モ言フ所出ル所ヲ知ラズ唯自己ノ所行ノ過當ナリシヲ覺リタルノミ而メ其半成不結ノ事業ハ全クナポレオ

ソノ掌中ニ落チタリ蓋シナポレオンハ尊人説ノ法則ニ信ヲ置カザルニアラズ然レ𪜈ナポレオンハ該法則ハ勿論何如ナル法則ト雖𪜈之ヲシテ自己ノ政畧ニ干渉セシムルヿハ決シテ允ルサヾル所ナリ尊人説ノ命運亦憐ムベキ哉

人ハ善良ナリ容易ニ完美ノ域ニ達シ得ベシトノ信心ハ今猶ホ自由主義民政説ノ主重ナル根據ナリ吾人ガ人性ニ關シテ健全ナル見識ヲ得ルニアラズンバ民政主義ハ決シテ十分ノ進歩ヲナシ能ハザルナリ政治家中倘ホロビスピール(佛國革命ノ主唱者ノ一人ニシテ暴虐ヲ極メタル者)ノ如キ説ヲナス者アリ曰ク法律ハ不正ナルヿアリ主治者ハ擅横ナルヿアリ然レ𪜈人民ハ決シテ正當ヲ失スルヿアラズト論者ヨ試ニ思ヘ論者ハ人民ニ無限ノ信ヲ措カント欲スレ𪜈人民トハ即吾人自ラノ謂ヒニ非スヤ然リ而メ吾人自ラ反省スレハ吾人ハ常ニ必スシモ

正當ナラス吾人ノ務ムベキ事ヲ務メサルヿアリ吾人ノ爲スベカラサルヿヲ爲スコトアリ是故ニ賢者ハ自ラ反省シテ己ヲ知リ己ヲ盡スナリ而ソ己ヲ知リ己ヲ盡セハ必ス自己ノ甚不完全ナル者タルヿヲ覺ランヿ然ラハ則人民豈決シテ正當ヲ失スルヿアラズトナスベケンヤ

近世ノ產業

夫ノ所謂自然ノ法則ナル者ヲ社會ヘ應用シタル者ノ中ニテ理財學者コソ其最重要ナル地位ヲ占ムベケレ今其然ル所以ヲ畧陳セン夫レ權勢主義カ開明世界ノ產業及商業ニ應用セラレタルヤ甚嚴酷ナリシ政府ハ皆謂ク政府ニシテ產業ヲ奬勵スルハ政府ノ義務ナリト即此ノ義務ヲ盡サンカ爲ニ保護金ヲ下附シタリ租稅ヲ賦課シタリ要スルニ特許主義保護主義禁制主義ノ力ヲ逞フシテ之ヲ施行シタリ然ルニ此ノ政畧タルヤアダム、スミス(理財學ノ中興元祖ニシテ一千七百二十三年ニ生レ一千七百九十年ニ卒ス)及其派ノ學者ノ爲ニ全ク誹議打破セラレタリ「スミス」派學者ノ說ニ曰ク人ノ產業及商業ヲ營ムヤ是レ皆自己利益ノ爲メナリ何如セハ則チ自己ニ最モ利益アルヤハ自己ノ天性最モ能ク之ヲ知ル故ニ政府ハ人民ノ自主自由ニ任セサルベカラス今若シ禁制ヲ解キ保護ヲ廢セハ利益アル產業ハ十分ノ報酬ヲ受ケ不利益ナル產業ハ競爭ノ爲ニ自ラ廢滅ニ歸セン之ヲ賣ル者ト之ヲ買フ者トノ間ヲ自由ナラシメヨ人ヲ使用スル者ト人ニ使用セラルヽ者トノ間ヲ自由ナラシメヨ吾人ハ其間ニ干涉スルヲ要セス自然ノ法則ガ十分之ヲ調和スルナリト此ノ論タル學者ノ多ク贊成シタル者ナリト雖圧完全ニ之ヲ採用シタル政府ハ未タ嘗テ之アラザルナリ然レ圧英國ニ於テハ大ニ此ノ說ヲ採用シ一千八百四十六年爾來英國ノ政畧ハ「スミス」派ノ學者カ經畫シタル者ト殆ント符合スルニ至レリ是カ爲ニ英國

社會ニ生シタル結果ハ甚單一ナラサル者ナリ今英國近世史ニ就テ其大畧ヲ擧クレハ則左ノ如シ

第一擴張ノ大運動ヲ生セリ即種々ノ大企圖ヲナシ大發明ヲナス者輩出シ富財ハ非常ニ增加セリ其增加ハ莫大ノ者ニシテ實ニ一百年以前ノ人民ニ在テハ到底之ヲ夢想スルダニ能ハザル程ノ增加ナリ而メ年々生殖スル富財ハ大抵皆之ヲ貯蓄シ以テ復タ他製產ノ資本ニ充テラル丶ナリ而シテ資本ノ增加スルニ從フテ年々製出スル富財ノ額ハ亦益增加スルナリ是所謂擴張ノ大運動ナリ

次ニ布延ノ運動ヲ生シタリ是近世法律カ結社會合ノ自由ヲ允ルシタル結果ナリ苟モ貯金ヲナシタル人ハ其額ノ多少ニ關セス其人ノ貴賤ヲ問ハス皆之ヲ會社ニ投シ最事務ニ熟達シタル人ノ手ニテ之ヲ處理セラレ以テ應分ノ利益配當ヲ受クルノ機會ヲ得ルニ至レリ此ノ如ク

資本ヲ布延スルハ國家ノ爲ニ有効ナルヿニシテ中等社會ノ人民ハ勿論勞役社會ノ人民ニ至ル迄皆銀行或ハ組合商社ニ自己ノ財産ヲ有シ得ルニ至ル而ソ已ニ財産ヲ所有スルニ至レハ是等人民ノ地位ハ大ニ改良セラレタル者ト謂ベシ

前段ニ陳ベタル如キ布延ノ傾向アルト同時ニ又土地幷ニ資本ノ聚積スルノ傾向甚著シ今其然ル所以ヲ陳ベン商業自由ニシテ制限ナキ時ハ才能アル者及幸運ナル者ハ大ニ好機會ヲ得ルナリ夫レ已ニ富有ナル者カ益〻富有ナラント欲スレバ之ヲ爲スヿ甚容易ナル者ナリ今若シ富人ト貧人ト競爭センカ富人必ス遂ニ勝ヲ制スベシ富人ハ貧人カ爲シ能ハザルカ如キ利益ヲ其華主ニ與フルヿヲ得ルナリ是等ノ理由存スルカ故ニ營業ノ自由ハ益〻財産ノ聚積ヲ促スナリ

夫レ此ノ如シ然レ𪜈猶ホコヽニ吾人ガ知ラザルベカラザル者アリ吾

人ノ財産ハ増加スルモ富源ハ聚積スルモ吾人ノ缺乏モ亦益〻増進スルナリ請フ試ニ之ヲ論セン營業ノ擴張ハ勞役ノ需用ヲ増加シ勞役ノ需用増加スレハ人口ノ繁殖ヲ奬勵ス人口繁殖スレバ社會ノ缺乏益〻増進スルナリ且ツ近世營業ノ變革實ニ速カトナリタリ而メ一變一動來ル毎ニ商業者ニ勞役者ニ其業ヲ失フ者必ス尠少ナラス是亦社會ノ缺乏ヲ増進スル所以ナリ然レモ今日開明ノ社會ハ創始貧乏ノ社會ニ異ナル所アリ是亦忘ルベカラザルナリ即今日ノ富有社會ハ往昔ニ在リテハ必ス餓死スルノ外アラザルベシト思ハルヽカ如キ數千万ノ貧人ニ生活ノ道ヲ授クルナリ看ヨ養育院ナリ授業院ナリ微弱ナル者放逸ナル者惡事ヲナシタル者甚タシキ不運ニ遭ヒタル者等常ニ數千万ノ无賴者ヲ保持スルニアラズヤ嗚呼是等ノ場所ハ國ノ泥濘ナリ而メ貧困ナル勞役社會ハ常ニ此ノ泥濘ニ滔沒スルノ患アリ豈歎セザルベケン

ヤ是ヲ以テ吾人ノ富源ハ益〻増進スルモ吾人ノ社會ニ貧困人ノ跡ヲ絶ツヿハ復タアルベカラザルナリ

譯者曰歐米諸國ニ於テ財産ノ宏大ナル富源ノ無盡藏ナルハ吾々日本人民ノ夢想シ能ハサル所ナリ而ソ其中英國ヲ以テ第一トス且開明諸國ニ於テ貧困者ノ夥多ナル其狀況ノ慘澹タル是亦吾々日本人民ノ夢想シ能ハサル所ナリ而シテ是亦英國ヲ以テ第一トス故ニ歐米諸國ノ國家學者中ニ今日最講求セラルヽハ貧困社會ノ問題ナリ何カ故ニ貧困者ハ益〻増殖スルヤ何如シテ之ヲ防クベキヤ貧困者ハ牛馬ノ如ク之ヲ使用スルモ可ナリヤ或ハ人類ノ一部トシテ之ヲ憐ミ之ヲ扶助セザルベカラザルヤ等ノ問題ハ今日最急且大ニシテ又最困難ナル者ナリ

然ラハ則産業自由商業自由ノ結果ハ善ハ則善ナリト雖モ又余輩ヲシ

テ大ニ失望セシムルヲ免レザルナリ獨リ理財上ノ自由アリト雖ヒ理財學者ノ期待スルカ如キ幸福ハ決シテ望ムベカラザルナリ余輩ヲ以テ之ヲ見レハ「スミス」派ノ論モ亦誤謬タルヲ免レス何ヲ以テ之ヲ曰フヤ試ニ論者ノ說ヲ看ヨ即次ノ如キ者ナルニアラズヤ曰ク世俗ノ業務ニ於テ吾人ヲ導ク所以ノ者ハ利益ノ希望ナリ各人皆利益ヲ希望シテ業務ニ從事スルナリ吾人ハ此ノ希望心ヲ自由ナラシメザルベカラズ此ノ希望心ノ導ク所ハ決シテ之ヲ抑制スベカラズ實ニ此ノ希望心ハ人性自然ノ善導者ナリト是豈誤謬ト曰ハザルベケンヤ余輩ハ則謂ク利益ヲ希望スルハ人ノ天性ナリ只其レ天性ナリ故ニ常ニ注意ヲ加ヘ抑制ヲ用テ過當ニ失セス擅横ニ陷ラサランヿヲ務メザルベカラス若シ毫モ之ヲ抑制スルヿナク此ノ希望心ヲ逞フセシメハ業務ヲ處理スルニ於テスラ必其正鵠ヲ過ツベシ此ノ希望心タルヤ或ル者ニ於テハ

進取活潑ノ性質トナリ自己ノ消費シ能ハサル程ノ財産ヲ聚積セン然レヒ又他ノ者ニ於テ此ノ希望心ハ怠漫ノ性質ヲ取リ些少ノ財産ヲ得ルヤ否結婚シ後來ヲ慮ルコトナク一時ノ幸福ヲ盡サン嘗ニ開明社會數百万ノ人民ヲ看ヨ誰カ能ク利益希望心ノ爲ニ誤ラレザルヤ或ハ活潑進取ノ性質ヲ受ケテ漫ニ无數ノ財産ヲ積聚スル者アリ或ハ怠慢ノ性質ヲ取リテ糊口ニ汲々タル者アリ是ニ由テ之ヲ觀ハ吾人社會ニ苦情ノ絶エサル毫モ異ムニ足ラサルナリ

民政主義ノ進歩

先世紀(即第十八世紀)中世界各國民政主義ノ進歩セシヤ甚大ナリ今ヤ歐羅巴ニテハ何レノ邦ト雖ヒ憲法ヲ有セサル者ナク其憲法中ニハ必ス明ニ他日其人民ヲシテ政治ニ參與セシメントスル方法ノ準備ヲ表示セサル者ナシ亞米利加ニテハ彼ノ合衆國カ獨立シテ共和政府ヲ確

立セシヨリ該大陸ノ人心チ激勵シスペインノ殖民地モ獨立シテ共和政府ヲ設立セリ我カ英國殖民地モ亦此例ニ倣ヒ我邦ヲ脱離シテ自由ノ制度ヲ發生セリ

此ノ如ク民政主義ノ進步スルヤ之ト共ニ又開明社會ノ風俗ニ大改頁ヲ加ヘタリ乃チ吾人政治ノ方法大ニ寛大公正トナリタリ主治者ノ擅横ハ自ラ跡ヲ絕チタリ立法者ハ從來之ヲ不問ニ付シタル如キ輩ノ利害得失ヲ參照シテ法律ヲ作ルニ至リタリ言論ハ自由トナリタリ何黨ニ屬スル者ト雖モ其開陳スル所ハ能ク之ヲ聞カルヽノ法廷設立サレタリ今試ニ我英國一千八百三十二年爾來ノ法令全書ヲ繙キ以テ之ヲ社會ノ變遷ト參照セヨ立法官ノ進步參政權ノ擴張ハ社會改頁ニ於テ何程大ナル効力ヲ有スル者ナルヤヲ觀ルニ足ラン

然リト雖モ民政主義ノ隆替ヲ探求スル者ハ其善美ナル所ノミヲ擧稱

スベカラズ該主義モ亦數多ノ失敗ヲナシ吾人ノ失望ヲ招ク〻往々之アリタル〻ハ蔽フベカラサルノ事實ナリ民政共和ノ國ト雖𪜈弊政醜行ハ決シテ免ルベカラズ一般人民ノ發言モ往々輕忽ノ判定不正ノ議決ヲナスヲ免レサルナリ然リ而シテ民政共和ノ主義ヲ主唱セシ第十八世紀ノ學者輩ハ是等ノ缺點失敗ハ必スユナキ者ノ如ク論セリ此ノ輩乃チ曰ク人民ハ天然ヲ躰認シタル者ナリ人生自然ノ善性ヲ代表スル者ナリ權勢ヲ二三ノ私人ニ歸セシムレハ濫用ノ患アリ過失ノ恐アリ（二三ノ私人トハ君主貴族等ノ謂ナリ）然レ𪜈之ヲ一般人民ニ與フレバ其判定ニ過失ナク其議決ニ不公正ナル〻トアル〻トナシト然レ𪜈今ヤ此ノ想像論ノ誤謬ナル〻トハ之ヲ吾人カ多ク目擊スル所ノ實例ニ徵シテ判然タリ夫レ民政主義ハ人民公衆ヲ改進シタリ之ニ發言ノ權利ヲ與ヘタリ然レ𪜈民政主義カ吾人社會中ニ必ス其判定ヲ過ラス必

ス不公正ノ行ヲナサヾルト云フカ如キ完美ナル一躰ヲ生出シ來レリト曰フニ至リテハ決シテ許スベカラザルナリ

進歩

前數章ニ於テ余輩ハ創始種族ノ社會カ近世政治社會ニ發達シタル所以ノ變遷ヲ畧陳シタリ而メ余輩ハ極メテ簡短ニ之ヲ論シタレ𪜈又大ニ心ヲ用ヒテ之ヲ論シタリ乃チ此ノ變遷タルヤ醇化開進ノ變遷ナリシ社會ノ卑陋ナル形態ハ漸々消燼シテ高尚ナル形態漸々發生セリ頑固退守ノ種族主義退イテ產業ノ改良武技ノ錬熟等之ニ代リタリ宗教ハ年々純粹トナリ開明社會ノ思想ハ常ニ廣大聰明ニ傾向セリ是豈醇化開進ノ變遷ト曰ハサルベケンヤ

抑々人類進歩ノ運行ヲ探求スルハ甚困難ノ事業ニシテ動モスレバ則其行路ヲ見出シ能ハサルヿ往々是アリ人類進歩ノ運行ハ軍隊ノ大道ヲ

進行スルカ如キ者ニアラズ軍隊ノ大道ヲ進行スルヤ整々堂々肩ヲ並ベ歩ヲ同シウシテ一齊ニ進行スルカ故ニ之ヲ探求スルコト甚容易ナリ然レ𪜈人類進歩ノ運行ハ此ノ如ク整々堂々タル者ニアラス反テ一群ノ大衆カ或點ニ進行セントト欲スレ𪜈其點ハ果シテ那邊ニアルカ大衆中僅ニ二三ノ人ノミ之ヲ知ル者ノ如シ此ノ如キ塲合ニ於テハ其進行甚混亂ナルベシ今試ニ高處ニ在テ其擧動ヲ見ヨ各人各其意ノ向フ所ニ進行スベシ或ハ何處迄モ直行スル者アラン或ハ循環迂行シテ遂ニ舊地ニ歸リ來ル者アラン或ハ自己左道ニ入リテ猶ホ他ヲシテ又之ニ入ラシメントト欲スル者アラン其中最深謀遠慮シテ着實ノ運行ヲナス者ト雖𪜈猶ホ往々豫想外ノ障碍ニ妨ゲラレ退歩迂行スルヿヲ免レザルベシ蓋シ人類進歩ノ運行ハ當ニ此ノ如キ大衆ノ進行スルニ比フベシ之ヲ探求スルヿ容易ニアラズ

故ニ吾人ガ既往ニ遡テ之ヲ尋ントスルモ今來ニ降テ之ヲ究ントスルモ吾人ハ人類社會ノ進行ハ決シテ之ヲ精核ニ了知スルコト能ハズ蓋シ吾人如シ之ヲ往昔ニ徵シ之ヲ今時ニ質シ以テ幾多ノ誤見謬說ヲ出シタルノ後ニアラズンバ到底正當ノ進路ヲ得ルヿ能ハザルベシ

第五章　近世ノ國家

前章ニ於テ余輩ハ種族社會カ合同シテ或ハ都邑ヲナシ或ハ王國ヲナシ以テ國家ヲ創立スルニ至リタル所以ノ次第ヲ論述セリ已ニ國家創立ノ次第ヲ述ヘタルカ故ニ余輩ハ今解剖的ニ國家ヲ點撿セントス即チ國家ハ如何ナル部分ヨリ成立スヘキヤ國家ハ如何ナル職掌ヲ務メサルヘカラサルヤ等ヲ論セン

開明國ニ於テハ保護及政治ノ目的ヲ以テ社會ノ權力ヲ若干人ノ手ニ歸セシムルヲ通常トス然リ而シテ該社會ニシテ常ニ是等若干人ノ手

ヲ經テ運行スル時ハ之ヲ稱シテ國家ト云ヒ該社會ヲ組織スル人民ヲ國家ノ臣民ト稱ス法律トハ國家カ臣民ノ爲ニ設立シタル一般ノ規則ナリ權利トハ國家カ認承シタル能力ニシテ自已ノ利益ノ爲ニ他人ノ行爲ヲ箝制スル者ヲ云フ而シテ必要ノ塲合アレハ國家ハ强テ權利ヲ施行セシムルコトアリ法律ヲ編制シ權利ヲ認定スルニ方テ國家ハ常ニ正理ト公平トヲ以テ標準トセサルヘカラス然リト雖圧國家ニ於テ最モ缺クヘカラサル者ハ其威力ナリトス一タヒ國家カ認承シタル法律權利ハ如何ナル反對アル圧能ク之ヲ施行セシムルノ威力アラサルヘカラス苟モ之アラサレハ國家ハ國家タルヲ失ヒ社會ハ無法修羅ノ巷トナルナリ

然リ而シテ開明ノ國家カ其威力ヲ得ントスルヤ須ラク之ヲ其臣民ニ求メサルヘカラス臣民皆同心協力シテ國家ヲ維持セスンハ政府ハ其

政府タルヲ失ヒ恰モ敵軍カ一國內ニ障ヲ張ルカ如キ狀況ヲ呈スルナリ余輩或ハ兵士警卒ノ夥多ナルヲ以テ政府乃チ强堅ナリト謂フ亠アリ然レ𪜈是レ未タ以テ至言ト謂フベカラス政府ノ强堅ナルハ政府ヲ信憑スル人ノ多寡ニ是レ由ルト曰ハヽ寧ロ正當ナルヘシ何トナレハ則チ苟モ政府ニ忠實ナル者ハ他ノ法律ヲ蔑如スルノ傾向アル者ニ對シテ多少ノ抑制ヲ加ヘ以テ政府ノ處分ヲ贊助スレハナリ

國家カ大ニ其威力ヲ實施セントスルニハ富ヲ有セサルベカラス而シテ富モ亦之ヲ其臣民ヨリ得サルヘカラス國家ハ其治域內ノ財產及ヒ人身ヲ保護スルカ故ニ其保護ヲ受クル所ノ財產及ヒ人身ハ亦租稅ヲ拂テ之ニ報セサルヘカラス而シテ租稅ノ徵集ハ契約ニ由ルニアラス競爭ノ入ル所ニアラス故ニ租稅ハ單ニ威力ヲ以テ之ヲ徵集スルノミ

夫レ國家ノ事業ハ毫モ競爭ノ入リ込ム者ニアラサルカ故ニ國家ノ經

費程《ト》漫ニ多額ナルノ憂アル者ハアラス是レ常ニ必スシモ然リト曰フベカラスト雖モ大概ネ皆然リトスルモ敢テ不可ナカルベシ

近世ノ國家ハ如何ナル部分ヨリ成立スルヤヲ論スルニ先チ余輩ハ政體ノ三大主義ヲ論セントス三大主義トハ何ソヤ立君主義貴族主義民政主義是ナリ此ノ三主義ハ政體ヲ組織スルニ於テ種々ニ之ヲ應用シ種々ニ之ヲ連合セシメ得ル者ナリ

立君主義

立君主義ノ要領ニ曰ク一國ノ法令ハ悉皆一人ノ名ヲ以テ之ヲ頒布セシムレハ國ノ道徳規矩最モ能ク維持セラルヘシト蓋シ衆多ノ人心ヲ一ニシテ同一目的ヲ遂ケントスル片ハ通常必ス一個酋長ノ下ニ属シテ之ヲ爲ス者ナリ即チ酋長トハ或ハ最モ賢才アル者或ハ最モ名譽アル者或ハ其門閥最モ高貴ナル者等ノ謂ナリ或ル目的ニ關シテハ最

モ賢才アル者ヲ以テ酋長トスルコト甚タ善シト雖𪜈是レ常ニ然ニアラス賢才ナキ者ヲ擧ケテ酋長トスルコト又特別ノ利益ヲ有スルノ場合往々是レアルナリ

立君政體ノ種類少カラス今其三種ヲ擧ケテ這ニ之ヲ論セン

第一立君擅制　擅制ノ帝王ハ大抵皆其權力ヲ神ヨリ得タリト自稱ス是ヲ以テ擅制ノ帝王ハ人類ノ牽掣ハ總テ之ヲ免レ獨リ責ヲ神ニ負フト雖𪜈其臣民ニ對シテ毫モ其責ニ任セス擅制君主ノ中或ハ高尚ナル意志ヲ以テ其義務ヲ盡シ善良ナル政治ヲ施シタル者ナキニアラス然レ𪜈概シテ之ヲ言ヘハ立君擅制ノ政體ハ善良ナラサル結果ヲ見ハシタリ蓋シ如何ナル人ト雖𪜈社會公衆ノ上ニ立テ擅ニ其權力ヲ行フハ其爲シ能ハサル所ナルヘシ夫レ暴惡ナル擅制君主ハ其臣民ヲ地上ニ蹂躙スルヿアリ收斂ヲ擅ニシ臣民ヲシテ毫モ自己ノ所有ナキノ思ヲ

ナサシムル者アリ之ニ反シテ善良ナル擅制君主ハ臣民ヲシテ專心自己ノ私利ヲ營マシメ自己ノ私利ニアラサルコトハ悉ク之ヲ政府ニ委任セシムルコトアリ

第二立憲帝王　威力强大ナル貴族及ヒ富有盛大ナル中等社會ノ人民ハ必ス擅制政府ノ下ニ屈從スルヿヲ欲セザルヲ以テ常トス故ニ是等貴族及ヒ是等中等社會ノ人民ハ常ニ必ス憲法ヲ制定シテ帝王ノ權力ヲ制限確定ス此ニ於テカ帝王ハ國家ノ首位ヲ占ムルト雖ヒ國家重要ノ件ニ關シテハ特リ自己ノ意志ヲ以テ之ヲ處斷スルヿ能ハス必ス其臣民ノ利害ヲ熟知シ臣民ノ輿論ヲ代表スル代議士ノ忠告同意ヲ俟テ之ヲ處斷セザルベカラズ而メ是等代議士ハ其大臣ノ薦擧ニ其租税ノ徵集ニ苟クモ政府ノ處分ナレハ則チ皆其議ニ參與シ以テ帝王ヲ導カザルヘカラス之ヲ要スルニ立憲帝王ノ義務ハ之ヲ擅制君主ノ義務ニ

比フレハ甚タ困難ナル者ナリ立憲帝王ノ義務ヲ完全ニ盡サントスルニハ君主ハ唯強健ナル判決力ヲ有セサルヘカラサルノミナラス又公明正大ノ心ヲ有シ能ク人民ト共ニ倶ニ相謀テ政務ヲ處理スルノ力アラサルヘカラス然リ而シテ人民ノ輿論ヲ作ルニ方テ帝王ハ毫モ之ニ與ルコト能ハサルナリ立憲國ノ帝王ハ擅制ノ權力ヲ行ハサル樣心ヲ用井サルヘカラス又單ニ名ノミヲ存スル尸位ノ帝王トナラサル樣心ヲ用井サルヘカラス蓋シ立憲帝政ヲ採用シ得ヘキ國ハ天下其數甚尠シ而シテ如シ完全ニ之ヲ採用シ得ル者アランカ是レ實ニ鞏固整然タル政府ト曰ハサルヘカラス

第三大統領ヲ戴ク共和政治

近世ノ共和政府ハ大概皆臣民カ其帝王ニ離反メ之ヲ設立シタル者ナラサルハナシ新政府ヲ造立スル者ハ皆權力ヲ掌握シタル中心ノ在ラサル可カラサルヲ見ソ乃チ限ルニ數年

ヲ以テシ大統領ヲ選ミ行政權力ハ總テ之ヲ大統領ノ手裡ニ歸セシム夫レ選擧ハ之ヲ門閥ニ比フレハ賢才ヲ得ルニ於テ稍優ル所アリ且ツ在任ノ期限ヲ定ルカ故ニ擅制ノ君主タルヲ妨クルニ於テ大ニ効ヲ奏スル者ナリ然レ𪜈一方ヨリ之ヲ看來レハ大統領ナル者ハ帝王ヨリモ猶ホ一層强大ナル權力ヲ掌握スル者ト曰ハサル可カラサル者アリ是亦知ラサル可カラス請フ其然ル所以ヲ陳ヘン夫レ大統領ハ二種ノ權力ヲ混同掌握セリ此ノ權力ハ永世君主ノ下ニ在リテハ常ニ分別スル者ナリ二種ノ權力トハ何ソヤ第一大統領ハ國家ノ首位ナリ而シテ國家ノ首位タルカ故ニ特殊ノ尊敬ヲ受領ス第二大統領ハ政黨ノ首領ナリ故ニ自己ノ權力ヲ應用シ其黨衆ノ間ニ保護ヲ分與シ又次回選擧ノ時ニ方テ其黨ガ勝ヲ制センコトヲ企圖シテ其政略ヲ施行ス是レ余輩カ大統領ハ二種ノ權力ヲ混同掌握スルト曰フ所以ナリ

貴族主義

貴族主義ノ要領ニ曰ク社會ニ於テ最モ賢才アリ最モ貴重ナル人民ハ自ラ特別ノ階級即族別ヲ作リ政治上ニ於テ通常ノ國士ヨリハ强大ナル勢力ヲ有セシムヘシト抑〻此ノ主義タルヤ衆多人民ノ體ヲ爲スニ方テハ必ス其間ニ行ハルヽ者ナリ假令其體ノ思想ハ如何程民政共和ニ傾向スル者ト雖モ猶ホ必ス該主義ノ行ハルヽコトアルヲ見ル者ナリ夫レ貴族政治ハ其選擧法如何ニ由テ其性質ヲ定ル者ナリ即チ貴族ヲ他通常國士ト區別スル所以ノ方法如何ニ由テ貴族政治ノ良否ハ分ルヽナリ余輩各種ノ貴族政治ヲ講究シテ乃チ知ル貴族政治ノ選擧法ハ二三主要ナル思想ニ基キテ之ヲ作爲シタル者タルコトヲ而シテ此思想ハ何レノ社會ニ於テモ常ニ行ハルヽ所タルナリ其主要ナル思想トハ何ソヤ請フ嘗ミニ之ヲ論セン

第一門閥ヲ貴ムノ思想是ナリ創始社會ニ於テハ共同祖先ヨリ最近最直ニ降リタル眷屬カ尊重セラレタリ是等ノ眷屬ハ實ニ特殊ナル貴族ナルカ故ニ養子トナリテ其家ヲ續ク者ノ外ハ他ヨリ此貴族ニ編入セラルヽノ道ハ毫モアラザルナリ近世社會トナルニ及ンテ吾人ハ共同祖先ノ事ハ曾テ之ヲ言ハズト雖𪜈猶ホ吾人カ他ニ優リテ尊重スル門閥アリ世ニ知ラレタル門葉ハ人々之ヲ特待ス就中尊稱貴號ヲ有スル門葉ハ特ニ世人ノ貴フ所トナルナリ近世ノ門閥貴族モ亦是レ多少一種特殊ノ者ニシテ他ノ眷屬ノ企及スヘカラサル待遇ヲ受ル者ノ如シ故ニ如何程ノ功蹟アリト雖𪜈如何程ノ寵遇ヲ受クルト雖𪜈他家ノ者ハ高貴門葉ニ屬スル人ノ享受スルカ如キ待遇ハ決シテ之ヲ受ケ得サルナリ然レ𪜈養子ノ法續々行ハルヽガ爲ニ他家ノ人民ニシテ貴族ノ列ニ加ル者漸ク其數ヲ増シ又其子孫モ亦從フテ増加スルカ故ニ近世ニ

及ンテ他家ヨリ出テヽ以テ門閥貴族ノ待遇ヲ受ル者ノ數益〻多キヲ加ルナリ
次ニ其功勞及寵遇ノ爲ニ選擧スルノ思想是ナリ酋長或ハ帝王ハ自己ニ事ヘテ最モ功勞アル者ニ爵位ヲ與ヘ所謂功勞ノ貴族ナル者ヲ作リテ以テ彼ノ門閥貴族ト對立シ偏重ノ患ナカラシム近世ニ及ンテ帝王ノ權力大ニ强盛トナリ帝王造立ノ貴族ノ數甚多ク舊來門閥ノ貴族ハ勢大ニ減シタリ故ニ今ヤ吾人ハ永世ノ特權ハ獨リ之ヲ帝王ノ恩賜ニ由テ之ヲ得ルノ外他ニ其道ナキ者ト思考スルニ至レリ君主國カ立憲政體トナルニ及ンテハ此ノ如キ特權授與ハ輙チ責任アル大臣ノ掌ル所トナリタルカ故ニ大臣ハ國ニ功勞アル者或ハ當時朝ニ立チテ權力ヲ有スル政黨ニ之ヲ授與スルナリ
人民ノ選擧ニ由ラスンハ他ニ權力ヲ得ルノ道ナキ場合ニ於テスラ余

輩往々自然淘汰ニ由テ作ラレタル貴族即チ特權ヲ有スル族類ノ存在スルコトアルヲ見ルナリ例之亞米利加ニ於テハ熟錬ナル政黨支配人ハ強大ナル黨類ヲ作リ其力ニ由テ以テ政治ヲ自黨ノ掌中ニ保持スルコトヲ企圖ス又英國ノ勞役社會ニ於テ組合商ノ頭取カ貴族ノ如キ黨類ヲ作ルコトアリ是等ハ皆自然淘汰ニテ作リタル黨類ニシテ其黨類ニ固有ナル特殊ノ權力ヲ有スルカ故ニ之ヲ以テ貴族ト稱スルモ意義ニ於テ大ナル不都合アラスト雖モ直ニ此稱ヲ以テ呼フコトハ即チ不可ナルベシ

永世貴族ノ制度モ亦利益ナキニ非ス今其一二ヲ擧ケン其一ハ即チ該制度ハ非常ノ希望心ヲ有スル一個人カ起テ擅制政治ヲ施サントスルヲ妨クルナリ是レ我カ英國ニ於テ明ナル所ナリ彼ノ民政共和ノ主義ハ動モスレハ則チ稀世ノ英雄ヲ出シ無限ノ權力ヲ之ニ附與セントス

ルノ傾向アリ然レ𪜈貴族主義ハ則チ然ラス苟モ無限ノ權力ヲ有セントスル者ニ對シテ該主義ハ最モ恐ルベキ勁敵ナリ是ヲ以テ人若シ「何カ故ニ我カ英國ハ民政貴族兩主義混同ノ共和政府ヲ有スルヤ」ト問ハヾ余輩則チ之ニ答テ曰ハン其主要ナル理由ハ英國士人ハ君主其人ノ如キ權力ヲ弄フ一個人ノ爲ニ支配サルヽコトヲ好マサルカ故ナリト」

貴族主義ノ利益猶ホ一アリ即チ貴族ハ世〻多少政治ニ參與スルカ故ニ該主義ノ行ハルヽ邦ニ於テハ常ニ政務ニ慣レタル者存在ス是レ亦國家ニ利アル所ナリ例之我カ英國ノ如キ顯門貴族ハ大概皆政府ノ業務ヲ取ル而シテ其事ヲ取ルヤ常ニ國用ヲ浪費スルノ患ヲ免レスト雖𪜈亦能ク誠實ヲ以テ事ヲ處スルガ故ニ政務凝滯ノ患アルコトナシ

余輩今貴族主義一般ニ關スル一二ノ弊害ヲ擧ン第一貴族ハ一般人民ト利害ヲ異ニスル所アルガ故ニ自ラ之ト分離爭鬪セントスルノ患ア

リ貴族ハ自家特殊ノ權力ハ毫モ之ヲ損傷スルコトナク之ヲ其子孫ニ傳ヘンコトヲ欲ス故ニ同族ノ權力ニ關シテ或ハ之ヲ不正ナリト曰ヒ或ハ之ヲ壓制ナリト論ズル者アル毎ニ大ニ之ニ反對ス貴族中ノ最モ賢良ナル者ト雖モ此點ニ關シテハ往々其最モ昏頑ナル者ト異ナラザルコトアリ

次ニ彼ノ遺傳ノ法則ハ善ハ則チ善ナリト雖モ亦其弊害ナキニアラズ久ク遺傳ノ行ハレタル場合ニハ毫モ權力ヲ行フニ適セス毫モ社會ニ功益ヲナスコト能ハザルガ如キ人物ニシテ父祖ノ爵位ヲ相續スル者往々是アルニ至ラン是豈ニ美事ト曰フベケンヤ蓋シ階級ヲ作ッテ人ヲ族別スレハ其間ニ猜忌ノ念生シ互ニ相敵視スルハ數ノ免ルベカラサル所ナリ故ニ民政共和ニ傾キタル政府ヲ有スル國ニ於テ永世貴族ヲ維持スルハ容易ノ業ニアラサルナリ

民政主義

民政主義ノ大要ニ曰ク國士タルノ義務ヲ行フニ足ル者ハ總テ皆國家ノ政治ニ參與スルノ權利アリト蓋シ太古ノ社會ニ於テハ血統ヲ尊ヒタルカ故ニ民政主義ノ行ハル、區域甚狹隘ナリシ例之ハアゼンスニ生レタル男子ト雖𪜈國士ノ子ニ非スンハ國士トナルコト能ハス然レ𪜈近世社會ニ於テハ民政主義大ニ行ハレ苟モ法律ヲ遵奉シ租税ヲ上納スル者ハ皆以テ國士タルコトヲ得ルニ至レリ

何カ故ニ國家ヲ以テ臣民全體ノ掌中ニ歸セシムルヤノ理由ハ數多アリト雖𪜈今其一二主要ナル者ヲ擧ソ一個人或ハ一族ノ者カ無限ノ權勢ヲ行フハ到底不適當ノ事タルヲ免レス政府ノ官吏ハ常ニ民間ニ交リ民心ヲ察シ人民ノ趣向スル所ハ設ヒ弊害アルコトニテモ全ク之ヲ排斥セス多少之ヲ取捨シテ政務ヲ施サスンハ決シテ完然其政府ヲ維

特スヘカラサルナリ且人民ヲシテ政治ニ參與セシムレハ又人民ヲシテ進ンテ政府ノ事業ヲ賛助セシムルコトヲ得ルナリ蓋シ智能アル人士ノ間ニ立テ社會ノ秩序ヲ維特セント欲セハ擅横ナル處置ヲ廢止シ是等人士ヲシテ各自己ノ判定ヲ用ヒ自己ノ權利ヲ伸張セシムルヨリ善キハナシ是又民政主義ノ利アル所以ナリ且夫レ社會公衆ハ猶裁判所ノ如シ苟モ一般ノ公益ヲ顧ミス一個人或ハ一私黨ノ爲ニ私利ヲ營マントスル者アレハ直ニ之ヲ社會公衆ノ裁判ニ訴フルコト最モ其當ヲ得タル者ト曰ハサルヘカラス然リト雖ﾓ爰ニ吾人ノ忘ルヘカラサル者アリ即チ私利ヲ營マントスル者常ニ必ス少數ナラス此ノ如キ者ニシテ往々多數ヲ制スルコトナキニ非ス是民政主義ノ弊害ト曰ハサルヘカラス

抑〻民政主義ノ政府ハ前途最モ望ヲ屬スヘキ政體ナリ何トナレハ元來

該主義ハ「國士ハ皆遂ニ其權力ヲ施行スルニ足ルノ地位ニ達スヘシ」トノ豫想ヲ基礎トシテ立タル者ナレハナリ然リ而シテ民政主義ノ政府ハ又最モ困難ナル政體ト曰ハサルヘカラス何ヲ以テ之ヲ曰フヤ曰ク通常國士カ一般社會ノ利害ニ着眼スルハ甚遲緩ナル者ニシテ動モスレハ則チ自己或ハ自黨ノ利益ヲ謀ランカ爲ニ其權力ヲ利用スルハ往々免ル能ハサル所ナレハナリ然ルニ該主義ヲ主唱スル政治家ハ是等ノ困難ハ之ヲ不問ニ付スル者甚多シ蓋シ此輩ハ大概皆第十八世紀ノ尊人説ヲ尊信スル者ナリ是ヲ以テ此輩ハ乃チ曰ク元來人ハ天性善良ナリ故ニ人民ハ必ス天然ノ美德ヲ具備セサルヘカラスト乃チ此輩ハ所謂人民ナル者ト主治者ナル者トノ間ニ畫然タル區別ヲナス者ナリ然リト雖モ之ヲ實際ニ質セハ人民ト曰ヒ主治者ト曰フモ皆是レ同一人類ノ謂ニアラスヤ然レハ則チ均ク人類ニシテ集リテ人民トナリ一

體ヲ作ルモ之カ爲ニ殊更ニ善良トナリ殊更ニ聰明トナルカ如キコトハ決シテアルヘカラサルナリ
民政主義ハ資格ヲ具備シタル臣民ハ各國家ノ政ニ關シテ意見ヲ吐露スルコトヲ允許ス然レモ各人ノ意見ヲシテ悉ク國家ノ政事ニ勢力ヲ及ホサシムルコトハ爲シ能ハサルナリ夫レ國家重要ノ問題ニ關シテ擧國ノ國士皆一致同意スルコトハ絶テナキ所ナリ故ニ余輩カ常ニ所謂人民ノ意思ト云フ者ハ即チ當時ノ多數人民ノ意思ヲ謂フナリ抑〻多數人民ノ意思ヲ行ハレシムルコトヲ允スニ二個ノ理由存在セリ第一概シテ之ヲ言ヘハ多數人民ノ意思ハ之ヲ少數人民ノ意思ニ比フレハ寧ロ正當ナルヘキ理由ナリ今之ヲ陪審裁判ニ喩ヘン如シ十分審議討論ヲナシタル末十二人ノ陪審官中其説兩派ニ分レ一方ニ十人他方ニ二人ト分離セハ蓋シ十人ノ方正當ナリト判定シテ大過ナカルヘキナ

リ第二最多ノ場合ニ於テ多數者ハ少數者ヨリモ其勢力强大ナリ故ニ多數者カ猶未タ非常壓制ノ手段ヲ用ヰサルニ及ンテ之ニ服從スルコト少數者ノ爲ニ得策ナリトス元來多數者ノ權利ハ無限ナル者ニアラス然レ𪜈該權利ヲ實行スル輩ノ方ニ於テ善良ナル意志ノ存スルニアラザル以上ハ畢竟之ヲ制限スルコト能ハザル者ナリ是又多數人民ノ意思ヲ行ハシムル所以ノ一理由ナリ

然リト雖𪜈多數人民ノ意思果シテ何クニアルヤ之ヲ確認スルコトハ實際上甚困難ノ事タルナリ夫レ政治上ノ爭鬪ハ常ニ衆多ノ問題相混乱シテ生スル者ナルカ故ニ其中ノ一問題ニ關シテ明瞭ナル判定ヲ下スコトハ到底爲スヘカラサルナリ抑〻政治社會ノ多數者ハ數多ノ黨派相集テ之ヲ組織スル者ニシテ各黨派ハ互ニ多少自說ヲ讓退シテ始テ能ク一ノ多數者タルヿヲ得ルナリ故ニ吾人ハ或ハ自由黨カ多數ヲ制

シタリ或ハ保守黨カ多數ヲ制シタリト曰フコトアルモ是レ或ハ自由黨中ノ者悉ク皆、或ハ保守黨中ノ者悉ク皆、一致同意シタルト云フニハアラサルナリ此ノ如キコトハ未タ嘗テ之レアラザルナリ是ヲ以テ一小黨派ノ説ヲ以テ一大政黨政略如何ヲ決スルカ如キ場合ハ吾人カ往々見ル所ナリ

代議政體ニ就テ之ヲ論スレハ彼ノ「多數人民ノ意思果シテ何クニアルヤ」ノ問題益困難トナルナリ何ソヤ曰ク選擧セラレタル代議人ノ多數未タ必スシモ之ヲ選擧シタル者ノ多數ヲ代表スルト曰フ可ラス之ヲ實際上ニ照見スレハ反テ選擧シタル者ノ少數ノ意ヲ代表スルコト往々見ル所ナリ政權分配ニ關シテ如何ナル巧妙ナル方法ヲ用ユルト雖トモ此弊ハ到底免ル能ハサルナリ然ラハ則チ彼ノ多數ノ法則ナル者ヲ政治上ノ問題ニ應用スルハ容易ノ事ニアラサルナリ吾人ハ漫然多

數ヲ以テ決スレハ則チ可ナリ」ト曰フ可カラス所謂多數トハ果シテ何クニ存スルヤ何ヲ以テ多數トスルヤ之ヲ確認スルヿ甚タ困難ナレハナリ

世ノ空論ヲ談スル政治學者ハ動モスレハ則チ曰ク社會ノ安否ハ以上論述シタル三主義ノ孰レヲ用井ルヤニ由テ分ルヽト或ハ又曰ク我カ英國ノ政體ノ如ク三主義ヲ折衷シタル政體ヲ用井ズンハ社會ハ決シテ安全ナラスト然レ圧余輩ハ則チ謂ク善良ナル政府ヲ爲ルニ於テ一定不變ノ法則アルコトナシト蓋シ如何ナル憲法ト雖圧已ニ制度ト立テ法律ト定メタル以上ハ多少ノ抑制ヲ人民ニ與ヘサル者ナシ故ニ一憲法カ如何ナル結果ヲ生スルヤヲ知ラント欲セハ獨リ其憲法如何制度如何ヲノミ觀ルベカラス又其憲法ナリ其制度ナリ之ヲ施行スル政治家其人ノ心事及ヒ方法如何ヲ顧ハサルヘカラス夫レ政治的ノ機關

ハ自動ノ力ヲ有スル者ニアラス故ニ如シ之ヲ運轉スル者ニシテ或ハ暴虐ナル王室ナルカ或ハ腐敗シタル貴族ナルカ或ハ擅横ナル多數者ナルトキハ如何ナル機關ト雖トモ決シテ善良ナル事業ヲナシ能ハサルヘシ之ニ反シテ今如シ其人民智識ニ富ミ愛國ノ念ニ深キトキハ仮令憲法ハ不備不完全ノ者ナリト雖トモ人民ハ甘心シテ弊害失敗ノ多キ政治ヲ受クルコトヲ肯ンセサルヘシ然ラハ則チ社會ノ安寧幸福ハ豈單ニ制度政體ノ如何ニ是レ由ル者ナランヤ

第六章　憲法

國家ノ憲法トハ何ソヤ曰ク國家ノ權力ヲ掌握スル者ハ誰ニシテ其權力ヲ施行スルノ方法ハ如何其權力ヲ濫用セサル樣國士ヲ保護スル所以ノ方法如何等ノ數條ヲ制定シタル規則ヲ編成シタル者之ヲ憲法ト稱スルナリ然レトモ數多ノ國ニ於テハ所謂憲法ト稱シテ政權ニ關スル

諸規則ヲ編成シタル單一ナル法典ヲ有セサル者アリ我カ英國ノ如キハ此ノ如キ單一ナル法典アルコトナシ英國ノ憲法ハ或ハ數多ノ勅令、上下兩院ノ法令、判事ノ裁判例、等處々ニ散在スル者アリ或ハ又其主義ニシテ未タ曾テ法令規則ノ態ニ編成セラレサル者アリ

嘗ミニ目下成立スル各國家ノ憲法ヲ繙閲セヨ其細目ニ至テハ各皆大ニ異ナル所アランモ而シテ其大體ニ至テハ各皆大ニ相似タル所アラン

蓋シ開明諸國ニ於テハ大概皆政府ノ諸權二樣八種ノ掌中ニ歸ス即チ其一ハ政府ノ一省一課ニ於テ生涯事務ヲ執ル所ノ官員職務ノ者是ナリ他ノ一ハ其地位確乎不動ノ者ニアラスシテ輿論ノ方向ニ由テ進退スル政治家是ナリ此二者間ノ關係ハ各國其思想ト風習トニ由テ自ラ其趣ヲ異ニス請フ一二ノ國ニ就テ之ヲ論セン

日耳曼帝國ニ於テハ皇帝及ヒ尚書卿《チヤンセロル》ハ悠久不變ノ頭領ニシテ全國ヲ

統御スル然レ𪜈其政治ハ常ニ一般投票ニ由テ選擧セラレタル評議院《ライヒスタハ》ノ批評スル所トナルナリ英吉利國ニ於テ政治ノ頭領ハ総理大臣及ヒ其黨衆ナリ而シテ該頭領ハ常ニ皇帝及ヒ他悠久不變ノ官吏ノ力ヲ假リテ政治ヲ執ルナリ亞米利加合衆國ニ於テハ悠久不變ノ官吏ト輿論ノ方向ニ由テ進退スル政治家トノ區別殆ントアラサル者ノ如シ乃チ該國ニ於テハ常ニ業ヲ執ル事務家モ其政黨カ政權ヲ掌握スルニアラスンハ其職ヲ保ツコト能ハス之ニ反シテ政治家ハ又一種ノ事務官吏ノ如キ地位ニ居ルナリ是レ二者ノ區別ナシト云フ所以ナリ

本書ノ如キ一小冊子ニ於テ是等種々各々ナル各國政府ノ制度如何ヲ詳論スルハ到底之ヲナシ能ハサル所ナリ故ニ余輩ハ以下我カ英吉利一國ノ政態ニ關シテ大要ヲ論セントス

悠久不變ノ行政權

其品位ヨリ看來ルモ其權力ヨリ看來ルモ我カ悠久不變ノ官員中女皇陛下ヲ以テ第一ノ者トス其レ然リ然ルカ故ニ女皇政治上ノ權力ハ精確ニ制限セラルヽナリ女皇陛下ノ政治ニ參與セラルヽヤ陛下ハ重要ノ事件ニ關シテ詳細ナル報道ヲ受ケ十分愈慮ノ在ル所ヲ陳述セラレサルヘカラス然レ𪜈陛下ハ一般人民カ享有スルカ如キ自主自由ヲ以テ之ヲ陳述セラルヽコハ勢之ヲ爲シ能ハサル所ナリ何トナレハ女皇カ陳述セラレタル愈慮ニシテ若シ判然一方ニ傾キタル者ナル𪜶ハ其意或ハ人民カ選擧シテ女皇ノ顧問ニ備タル内閣諸大臣ノ說ト全ク相反シタル者ナルガ如キコトナシト云フ可カラス如シ果シテ此ノ如キコトアレハ政治上非常ノ不都合ヲ生スヘシ故ニ英國女皇ノ權力ハ大ハ則チ大ナリト雖𪜈保守ヲ主トシ公正ヲ旨トシ戰々兢々トシテ之ヲ維持セサルヘカラサルナリ

女皇ノ下ニ在テ政務ヲ執ル悠久不變ノ官吏甚多シ即チ陸軍ナリ海軍ナリ外交ナリ內務ナリ是等ノ政務ニ關スル皇帝部下ノ官吏是ナリ是等ノ官吏ハ全ク政黨政務ニ毫モ關係ナキニアラス然レモ元來女皇ノ命ヲ奉シテ事ヲ執ル者ナルカ故ニ是等官吏モ亦女皇ノ如ク制限セラル丶所アルナリ乃チ是等官吏ハ皆長官ヲ戴クナリ而シテ該長官ハ皆在朝政黨ノ選擧シタル者ナリ故ニ是等官吏ハ自己ノ說ノ何タルニ關セス常ニ長官ノ意志ヲ奉戴シ其命令ニ服從セサルヘカラス是ヲ以テ「今ヤ政府ハ戰ヲ爲スノ時ニアラス」ト自信スル將校ト雖モ長官ノ命ヲ被リタル以上ハ自己所信ノ故ヲ以テ出陣ヲ拒ムコト能ハス又「長官ノ政畧ハ策ノ得タル者ニアラス」ト思考スレハトテ各省ノ官吏ハ其職ヲ怠ルコト能ハサルナリ是レ余輩カ執務官吏モ亦女皇ノ如ク制限セラル丶所アリト曰フ所以ナリ

上ハ各省次官書記官等ヨリ下ハ戸長巡査ニ至ル迄我國悠久不變ノ執務官吏ハ其數甚多シ是等諸官吏ノ權限職掌ヲ詳ニ知ラント欲セハ余輩ハ英國憲法ノ微細ニ入テ數千万言ヲ費サヽルベカラズ然レ𪜈余輩ハ今單ニ政治ノ大要ヲ論述スルノ意ナレハ唯一言政治家ノ注意ヲ促シテ以テ此一段ヲ止メントス曰ク政治家ハ是等ノ事務官吏ヲ遇スルニ尊敬ト自由トヲ以テセサルヘカラスト夫レ政府ノ繁雜精細ナル事務ヲ處理スルハ甚困難ナル者ニシテ常人ノ容易ニ爲シ得ヘキ業ニアラス然ルニ是等事務官吏ハ大ニ之ニ熟達セリ是レ事務官吏ヲ尊重セサルヘカラサル所以ナリ且夫レ官省ノ事務ハ動モスレハ則チ無益ノ例規法式ヲ採用シ不用ノ冗費ヲ費サントスルノ患アリ故ニ常ニ局外ヨリノ論議批評ヲ自由ニナサスンハ大ニ社會ヲ困却セシムルニ至ルコトアルヘシ是自由ヲ以テ事務官吏ニ對セサルヘカラサル所以ナリ」

大改革ヲ爲サント欲スル政治家ハ殊ニ意ヲ事務執行ノ點ニ注カサルヘカラス近世ノ改革ハ政府ノ區域ヲ擴張スルノ意ヲ含ム者往々是アリ然レモ政府擴張スレハ從テ又事務官吏ノ數ヲ增加セサルヘカラス事務官吏ノ數增加スレハ國家ノ經費又增加セサルヘカラス故ニ此種ノ改革ヲ行ハント欲スル者ハ先ツ此改革ノ爲ニ幾多ノ負擔ヲ增加スルヤ而シテ其改革ハ負擔ヲ增加スル程ノ功益ヲ奏スル者ナルヤ否ヲ熟考セサルヘカラス

政治的行政權

政府ノ長官中人民ノ選擧ニ由テ權力ヲ得タル者常ニ必ス二三人ハ存在スルナリ而シテ是等二三ノ長官ハ自己ノ政黨中ヨリ其部下ノ官吏ヲ薦擧スルヲ常トス是ノ如クニシテ以テ國家ノ政治ニ關シテ國民一般ニ對シ責任ヲ有スル所ノ政府ヲ作爲スルナリ蓋シ政府ハ全然一體

トシテ事ヲ處スルカ故ニ衆議ヲ以テ事ヲ決シタル以上ハ此議決ニ不同意ナル官員ハ默々其議ニ服從スルカ或ハ斷然職ヲ辭セサルヘカラス是レ一般政府ノ通則ナリ此通則タルヤ其弊害ナキニアラス即チ政府ヲシテ實ヲ蔽ヒ虛ヲ飾ラシムルナリ實際各大臣ハ幾回モ自己ノ持論ヲ退讓シテ以テ漸ク一致和合スル者ナルナレﾄﾓ外ニ對シテハ始メヨリ十分同論一致シテアルガ如キ虛色ヲ飾ラサルヘカラス此ノ如キ弊害ハ到底免レサル所ナリ然レﾄﾓ右ノ通則ハ又アラザルヘカラサル者ナリ何トナレハ如シ內閣ノ諸大臣各公然異論ヲ主唱スルﾄｷハ在朝ノ政黨數派ニ分離セン其政黨中ニテ已ニ分離シタランニハ新政策ヲ實行セントスル時ニ方テ國會議場ニ多數ヲ制スルコト能ハサルヘシ是レ比ノ通則ノアラサルヘカラサル所以ナリ

內閣諸大臣ノ爲サヾルヘカラサル義務二アリ第一ハ其行政職掌ナリ

各大臣ハ皆主務ノ官省アリ而シテ官省内事務ノ細目ニ至テハ大臣自ラ之ヲ詳悉セス部下悠久不變ノ事務官吏皆之ヲ處理ス然レモ苟モ該官省ニテ處理シタル所ハ事ノ細大ヲ問ハス主務ノ大臣專ラ其責ニ任セサルヘカラス故ニ重要ナル事件ハ一々大臣ノ認可ヲ經サルヘカラス第二大臣ハ其政治ヲ施行スル所以ノ主義ヲ日々公衆ニ說明セサル可ラス然リ而シテ政府反對ノ政黨ハ大臣カ其主義ヲ公ニスル每ニ必ス之ヲ誹議シ之ニ反對スルナリ而シテ其之ヲ誹議シ之ニ反對スル所以ハ他ニ理由アルニ非ス唯是レ反對黨ノ處理ナルカ故ニ之ヲナスナリ夫レ此ノ如ク政府ノ主義ヲ公衆ニ說明スルコトハ國民ニ於テ甚重要ナル事ナリ何トナレハ抑々道義上ヨリ政府ノ強堅ナル所以ハ他ナシ唯政府カ民心ノ赴ク所ヲ推測シ政府ノ處理ヲシテ民心ト相洽ネカラシムルニ是レ由ルナリ然ラハ則チ政府ノ主義ヲ公衆ニ明ニスルハ國

民ニ於テ主要ナルコトナラスヤ且ツ内閣大臣ノ私利上ヨリ看來ルモ政府ノ主義ヲ人民ニ明ニスルハ決シテ怠ルヘカラサルナリ何トナレハ苟モ其主義ヲ人民ニ明ニシ以テ人民ノ心ヲ得タル政府ナラハ仮令過誤失錯ヲ行フコトアルモ猶能ク安全ナルコトヲ得ヘケレハナリ之ニ反シテ其施政ノ方向ヲ人民公衆ニ明ニセサル政府ハ仮令如何程賢明ノ政ヲ施スモ決シテ安全ナルコト能ハサルナリ

司法權

政府ノ一部中特ニ一段ヲ設テ之ヲ論セサル可ラサル者アリ司法權ノ謂ナリ公明正大ヲ以テ諸政ヲ施サヽルヘカラサルコトハ余輩カ巳ニ既ニ論述シタル所ナリ此ノ點ニ關シテハ判事及ヒ司法事務ヲ執ル所ノ諸役員ハ特ニ最モ注意セサルヘカラサルナリ判事及ヒ是等諸役員ハ常ニ一般人民ヲシテ「公平ノ眼ヲ以テ之ヲ看レハ如何ナル政黨如何

ナル一私人タリト雖モ常ニ不偏不重ノ公明ナル判決ヲ受クルコトヲ得ル」トノ意ヲ納得セシメサル可カラス而シテ何ヲ以テ公明正大トスルヤ判事ノ正當ナリト勘考スル意思ヲ以テ判決ヲ下セハ則可ナルヤ曰否法律ノ正當トスル所ヲ以テ判決セサル可カラス往昔吾人ノ先人ハ權利義務ノ最モ正當ナル思想ヲ勘考シ之ヲ標準トシテ現行法律ヲ編纂シ政府ノ權力ヲ以テ之ヲ應用施行スルニ便ナラシメタルナリ蓋シ吾人ノ法律ハ不完全ナリ吾人ハ機會ノ允ス限リハ之ヲ改良セサルヘカラス然レトモ已ニ今日現存スル法律ノアル以上ハ吾人ハ嚴格ニ之ヲ遵奉シ以テ諸政ヲ處理セサル可カラス何人何族ヲ問ハス該法律ニ對シテハ均一平等ナラサル可ラス富人ナリトテ特別ノ特遇ヲ享ク可カラス貧人ナリトテ特別ノ分疏ヲ要スヘカラサルナリ

夫レ判事及ヒ司法官吏ハ常ニ行政々署ノ爲ニ其職權ヲ牽制セラル丶

ノ憂アリ往昔判事ハ帝王ノ任命スル所ニシテ其黜陟ノ權モ亦帝王ノ權內ニ存在セシ時ニ方テハ判事カ王權ヲ助ケンカ爲ニ法律ヲ曲折シタルノ例鮮少ナラス又近世ニ及ンテ民政主義ノ大ニ行ハレタル國ニ於テ政黨ノ爲ニ任用セラレタル判事カ不正ノ擧動ヲナシタルコト往々是アルナリ盖シ人民ノ選擧ヲ以テ判事ヲ任用スルトキハ判事ノ偏頗醜行特ニ甚タシキ者ナリ是ヲ以テ「司法官吏ノ任命ハ政府ノ權內ニ措クヘシ人民公衆ノ掌中ニ措ク可カラス」トハ英國政治家カ大概皆同意贊成スル主義タルナリ而シテ判事ヲ薦擧スルニ方テ政府モ亦政府ヲ保助スル者ヲ任用スルハ到底免ルヘカラサル所ナリ然レトモ政府ノ之ヲナスヤ尋常一樣平穩ナル手段ヲ以テ之ヲナシ彼ノ人民公衆カ選擧任用スル時ノ如ク公然黨派心ヲ宣言公布スルカ如キコトハアラス是司法官吏ノ任用ハ人民公衆ノ掌中ニ措ク可カラス政府ノ掌中ニ措ク

ヘシト云フ所以ナリ

立法權

往昔封建時代ニハ一國ノ政府ハ猶領地政府ノ如キ者ナリシ所謂領地政府ナル者ハ往昔ヨリ現今ニ至ル迄各地方ニ存在スル所ナリ而シテ其制度タルヤ人民ハ時ヲ定テ地方法廷ニ會シ領主モ之ニ出席シ以テ該地方ノ習慣法ヲ頒布執行セリ一國ニ於テモ亦此ノ如ク貴賤各族ノ人民高等法廷ニ會シ帝王モ亦之レニ臨席シ以テ國內ノ法律規則ヲ頒布執行セリ而シテ一族內ニ關スル事件ハ各族皆特ニ其議ニ與ルノ權利ヲ有シタリ是レ封建時代立法權ノ狀態ナリ今英國ニ就テ之ヲ論セン元來英國ニハ三種ノ族別アリ即チ貴族僧族平民是ナリ然ルニ僧族中貴キ者ハ上院ニ列シ貴カラサル者ハ下院ノ議員ヲ選擧スルノ權利ヲ有セリ是ヲ以テ僧族ハ別ニ一派ノ政治的ノ族トナルヿ能ハス我カ

國會議院ハ唯上下兩院ヨリ組織セラルヽコトナリタリ然リ而シテ我カ英國々會議院ハ全世界代議正體ノ摸範トナリシカ故ニ上下兩院ニ分別スルコハ一般ノ通則ノ如クナレリ論者或ハ曰ク上下兩院ノ權力ハ二者均一平等ナリ而メ上院ハ悠久不變ノ一體ナルカ故ニ下院ノ急激革命ノ刺衝ヲ抑制スルニ最モ恰好セリト該論ノ誤謬ナルコハ一千八百三十二年ニ至テ始テ證明セラレタリ

譯者曰ク一千八百三十二年ハ英國々會ニ於テ改革按ノ可決セラレタル年ナリ改革按トハ下院議員ノ選擧法ヲ改革スル議按ノ謂ナリ是ニ於テ選擧權被選擧權ヲ有スヘキ者ノ資格ヲ低下シ議員ノ員數ヲ增加シ從來行ハレタル選擧法ノ弊害ヲ矯正シ財力アリ權力アル貴顯豪族カ我意ヲ恣ニシ多數ヲ制シ每ニ己カ欲スル所ノ者ヲ擧テ下院議員タラシムルカ如キコ復タアル可カラサルニ至リタリ抑々改

革案ノ國會ニ提出セラレタルヤ一朝一夕ノ事ニ非ス數十年來幾回トナク議院ヘ提出セラレタレヒ毎ニ上院ノ排斥スル所トナリ彼ノ一千八百三十二年ノ時ニ於テモ上院ハ一旦斷然之ヲ排斥シタルナリ然レヒ國民政革案ノ可決ヲ欲スル者甚多ク下院議員ノ熱心殊ニ甚シカリケレハ上院之ニ抵抗スル〻能ハス遂ニ其意ヲ曲ケテ以テ改革案ヲ可決セサル可ラサルニ至リタルナリ

一千八百三十二年迄ハ上院議員及ヒ其黨衆カ下院議員ヲ選擧スルニ於テ毎ニ大多數ヲ制シ來レリ然ルニ一千八百三十二年爾來實ニ國家ノ大政ヲ左右スル者ハ下院ナリ「一般人民ノ多數ヲ後援トシタル下院ノ多數ニ對シテハ上院ハ之ニ抵抗スベキ權利ヲ有セス」トハ何政黨ニ屬スル政治家ニテモ皆共ニ承允同意スル所トナリタリ然リ而シテ上院カ之ヲ禁遏障碍スルノ權力ヲ有セサル〻最甚タシキノ時ハ即チ下

院カ方ニ强大急激ノ改變ヲ企圖セントスルノ時ニアリ緩漫ニシテ切要ナラサル下院ノ企圖ニ關シテハ上院能ク之ヲ禁遏障碍スルヿヲ得ルト雖ヒ苟モ事急激ニ渉レハ上院毫モ之ヲ禁遏障碍スルヿ能ハス看ヨ彼ノ一千八百六十九年愛蘭宗敎令ノ如キ一千八百七十年愛蘭土地令ノ如キハ皆下院ヨリ之ヲ上院ニ廻達スルヤ否間モナク上院ニテ之ヲ可決シタルニ非スヤ之ニ反シテ彼ノ病婦ノ姉妹案ノ如キハ上院ニ於テ數回排斥セラレタルニ非スヤ而シテ其之ヲ爲ス所以ノ者ハ一般人民カ熱心騷擾シテ該案ヲ賛成維持セサルニ職由スルナキヲ得ンヤ然ラハ則チ小事ハ即チ上院能ク之ヲ禁遏障碍シ得ルト雖ヒ大事ニ至テハ亦タ如何トモスル能ハサル者ノ如シ是ニ由テ之ヲ觀レハ我カ英國ノ立法權ハ國會下院ニアリ而メ下院ハ上院ノ幇助ヲ受ルヿ鮮少ナラス然レヒ上院ノ反對ヲ受クルヿハ制限アリテ存セリ此ノ如キ組織

ノ立法體ハ國家ニ於テ二條ノ職務ヲ爲スナリ請フ試ニ之ヲ論セン第一、古昔ノ學者モ已ニ云ヒシ如ク國會ハ國民ノ大詰問所ナリ政治上ノ利害ニ關シテハ何事ニテモ之ヲ論難詰問シ得ル場所ナリ國會ハ毎ニ大政ノ執行ニ關シテ女皇陛下ヲ輔佐スヘキ人物ニ注目シ以テ是等人物ノ能ク輔佐ノ任ニ堪ユルヤ否ヲ女皇陛下ニ奏聞セサル可ラス國會ハ毎ニ內閣大臣ノ擧動ニ注意シ其政治如何ヲ顧ミ又如何ナル理由アリテ此ノ如キ政治ヲナスヤ之ヲ詰問スルヲ要ス且夫レ內閣大臣ハ國會ノ許諾ヲ得スシテ他ニ經費供給ノ道ヲ有セサルカ故ニ下院ハ毎年一回必ス施政ノ方向ヲ吟味シ官金支辨ノ途ヲ撿査スルノ機會ヲ有セリ殊ニ國會ノ注意セサルヘカラサル一事ハ愁訴件是ナリ即チ苟モ英國皇帝陛下ノ臣民ニシテ或ハ其權利ヲ剝奪セラレ或ハ其權利ヲ損傷セラレタル者アルトキハ國會ハ其事件ヲ吟味シ權利恢復ノ方法ヲ謀ラサル可カラス是國會ノ殊ニ注意セサル可カラサル所ナリ右ニ羅列シタル詰問吟味等ヲナスヤ國會ハ毫モ順序規律ニ充テヽ之ヲナスニ非ス何トナレハ國會ナル者ハ是等ノ事務ニ熟達シタル人々ノ會合ニ非ス但局外ノ刺衝ニ動搖セラレテ事務ヲ執ル所ノ俗人混同ノ會合ナレハナリ新奇ノ要求新奇ノ請願ハ常ニ續々トノ國會下院ノ注意ヲ促シ下院議員ノ耳目ニ强接スルカ故ニ下院カ一定ノ法度ヲ立テ以テ事務ノ執行ヲ整頓スルカ如キコハ到底之ヲナシ能ハサル所ナリ
第二國會ハ立法ノ權力ヲ有セリ即チ苟モ英國女皇陛下ノ臣民タル者ハ皆當ニ遵奉セサル可カラサルノ法律ヲ作リ又之ヲ變更廢棄スルノ權力ヲ有セリ蓋シ立法者即チ法律編纂ノ業ニ從事スル者ハ博識ナラサル可カラス明智ナラサル可カラス說明解釋ニ巧ナラサル可カラス然リ而ノ國會議員中能ク此ノ資格ヲ具備スル者ハ絶テ無フシテ僅ニ

存スルナリ然レ𪜈國會ハ常ニ能ク特ニ是等ノ資格ヲ具備スル者ノ力ヲ借リ是等ノ人ヲシテ立法ノ業ヲ幇助セシメ得ルナリ且ツ我邦立法ノ事ハ之ヲ該事ニ熟達シタル輩ニ委任セスシテ反テ之ヲ不適當ナル下院ニ委任スル所以ノ者ハ抑〻亦一ノ好理由ノアリテ存スルカ故ナリ請フ試ニ之ヲ陳ヘン夫レ自由國ニ於テ法律ノ有効ナランヿヲ欲セハ宜ク當ニ該法律ヲ遵奉スヘキ輩ノ一致同意ヲ得ルヘシ是レ法律ノ最モ有効ナル所以ナリ而メ法理ニ通達シタル輩カ編成シタル法律ハ善ハ則チ善ナリト雖𪜈人民ハ反テ其善良ナル所以ヲ了知セス之ニ反シテ各政黨互ニ相討議爭論シタル末國會下院ニテ議決シタル案文ハ其主意善良ナラサルヿアルヘシ其行文拙惡ナルヿアルヘシ然レ𪜈爰ニ動ス可カラサル一理ノ存スルアリ即チ該案ハ目下全國多數人民ノ意思ノ傾向スル所ヲ表示スル者ナリ是豈如何トモス可カラサル理由ニ

非スヤ而ソ是我邦立法ノ事ハ之ヲ法律ニ明カナル輩ニ委任セスシテ反テ之ヲ法律ニ明ナラサル國會下院ニ委任スル所以ノ好理由ナリ甚タ遠ク古ニモアラサルカ我カ國會下院カ全國ノ輿論ヲ作リ又能ク之ヲ左右シタルヿアリタリ而ソ其能ク之ヲナシ得タル所以ノ者ハ他ナシ當時政治上ノ問題ヲ忌憚ナク十分自由ニ討議辨論スルヿヲ得タルハ獨リ國會下院アルノミナレハナリ當今ハ則チ然ラス下院カ反テ輿論ノ傾向スル所ヲ追從スルナリ下院ノ輿論ヲ左右シ得ルヿハ甚タ尠少ナリ今ヤ勝ヲ政治社會ニ制セント欲スル大臣ハ自己政略ヲ保待スルカ爲ニ彼ノ所謂民衆ノ囑任ナル者ヲ得サル可カラス苟モ此囑任ニシテ明瞭强盛ナランカ下院中ノ各黨員ハ競フテ之ヲ翼賛シ以テ自黨ノ信憑ヲ鞏固ナラシメント欲スルナリ

我カ國會下院ハ他ノ數多ノ代議院ニ異ナル所以ノ一要點アリ何ソヤ

我カ下院議員ハ皆無俸給ナリ抑〻英吉利ハ生計ノ經費甚ダ多額ナル國柄ナリ然ルニ下院議員ハ毫モ俸給ヲ受領セス故ニ貧窶ナル者カ下院議員トナラントスルハ甚タ困難ノ事タルナリ而メ彼ノ有志者ノ義捐金醵集等ノ二三方法アリテ稍〻此困難ヲ治スルヿヲ得ルナリ然レ𪜈「吾人ハ尙ホ一歩ヲ進メテ各議員ニ十分ノ報酬ヲ給與セサル可カラス」ト思考スル論者ナキニアラス然レ𪜈余輩ハ則チ謂ク此ノ如キ考案ヲ實行セント欲セハ宜ク先ツ他國ノ經驗如何ヲ察知セサル可カラスト看ヨ彼ノ佛蘭西國及合衆國ニ於テ「議員ニ俸給ヲ與フレハ益〻所謂專業政治家ナル者ノ員數ヲ增加スルノ傾向アリ」ト是レ兩國改革家ノ常ニ歎息スル所ニ非スヤ所謂專業政事家トハ政黨機關ノ運行ヲ以テ生計ヲ營ム者ノ謂ナリ抑〻人民ノ代議士ヲ選擧スルヤ俸給ヲ受領スル官吏ヲ監督抑制セシカ爲ナリ然ルニ今若シ代議士ニシテ自ラ俸給ヲ受領ス

ルヿトセンカ是即代議士ヲシテ俸給官吏ノ如クナラシムルナリ其俸給官吏ノ心ヲ以テ事ヲ觀察スルニ至ルヤ免ル可カラサル所ナルヘシ

地方權力

我邦ニ於テハ中央政府ノ權力ノ外ニ種々各々ノ地方官吏地方役所アリ即チ郡區州縣ノ政務ヲ管理スル者ナリ是等地方役所ノ起原ハ同一ナラス英國々會ノ創立シタル者アリ其起原反テ英國々會ヨリ古キ者アリ彼ノ郡會《ベストリー》ノ如キハ創造時代ノ民會ヲ繼紹シタル者ナリ近世國家ノ改進發達スルヤ大ニ中央集權ニ傾向シタリ從來地方官吏ノ管掌シ來リタル事務モ今ヤ漸々中央政府官衙ノ管掌スル所トナルニ至レリ而メ地方制度ニ弊害ノ存在スルヿヲ發見スルヤ國家ハ常ニ必ス立法權ヲ適用シ改府監督ヲ行テ以テ之カ救治ヲ圖ル是益々中央集權ニ傾向スル所以ナリ蓋シ此ノ如ク中央集權ニ傾向スルノ結果ハ決シ

テ善良ナル者ニアラス故ニ目下之ヲ救治スルノ方法ヲ謀ル者尠少ナラス即チ此輩ノ企圖スル所ハ地方政府ノ權限ヲ擴張シ目今中央政府ノ管掌スル事務ニシテ其管掌方法甚タ不滿足ナル者ハ悉皆之ヲ地方政府ノ管掌ニ歸セシメントスルニアリ

第七章　選擧

近世ニ及ンテ國家ノ職掌甚タ多端トナリタレハ全國ノ國士ハ之ニ參與スルヿ能ハス特ニ政事ニ長シタル者ヲ擧テ以テ政府ノ事務ヲ擔任セシメサルヲ得サルニ至レリ而ソ自由國ニ於テハ法律ヲ編成スル者及ヒ之ヲ執行スル者ハ皆人民ノ選擧ニ由テ其權力ヲ獲得スルナリ目今各國ニ施行セラルヽ代議士選擧方法ヲ悉ク詳論スルハ中々容易ノ業ニアラス然レモ今我カ英國ニ行ハルヽ國會議員選擧法ノ概略ヲ論述シタランニハ此問題ニ關シテ稍〻覺知スル所アルヘシ故ニ余輩今其

大要ヲ陳ヘントス

選擧資格

創始社會ニ於テハ苟モ自由ノ家ニ生レ（奴隷等ニアラサルヲ云フ）其力能ク武器ヲ取ルニ足ル者ハ皆種族會討議ノ席ニ列スルヿヲ得タリ封建時代ニテハ自由地主即チ名譽ヲ損害セサル如キ約束ニテ領主ヨリ土地ヲ拜領シ居ル者是等ハ皆州ノ代議士ヲ選擧スルカ爲ニ州廷ニ出席スルノ權力ヲ有セリ顯理第六ノ治世（一千四百二十二年ヨリ一千四百六十一年ニ至ル）ニ方テ國會カ右ニ陳ヘタル權利ハ一年四十「シルリング」（我カ十圓餘）以上ノ價アル土地ヲ領スル者ノミ之ヲ有シ得ルヿニ限リタリ是ヨリ其後全國ノ富一般ニ增殖セシカ故ニ四十「シルリング」ハ甚タ微少ノ額トナリタリ故ニ選擧權ヲ有スル地主ノ員數甚タ夥多ナルニ至レリ一千八百三十二年迄州郡ニテ選擧權利ヲ有スヘキ資

格ハ唯此一樣アルノミナリシ然レヒ市邑ニテ該權ヲ有スヘキ資格ハ種々各々ニシテ一樣ナラス或ハ自由地主タルノ資格ヲ以テシ或ハ市邑會ニ出席シ得ル者ハ皆該權利ヲ有スル者トシ或ハ市邑稅ヲ拂フ者ハ皆右資格ヲ備フル者トスル等ナリ

一千八百三十二年ノ改革案ハ是等古昔ノ資格ヲ廢止シ更ニ之ヲ擴張シ若干ノ價格アル財產ヲ有スル者ハ皆選擧權ヲ有スル者トナセリ是ニ於テ其數大ニ增加セリ一千八百六十七年ノ改革案ハ市邑ニ於テ財產價格ノ制限ヲ廢止シ苟モ戶主タル者ハ其家主タリ借家主タルヲ問ハス皆之ニ選擧權ヲ與フルコトセリ一千八百八十四年（我カ明治十七年）ニ至リ州郡ニ至ル迄皆同一ノ規則トナリタリ是等改革ノ結果ヲ要言スレハ我カ英國內ニテ選擧權ヲ有スル者ノ員數ヲ全國ノ人口ニ比較スレハ其比例正ニ他ノ全國一般ノ人民ヘ選擧權ヲ與ル邦國ノ比例

ト殆ント相均シキヲ見ルナリ然レモ爰ニ吾人カ注意セサル可カラサル者アリ即チ佛蘭西及ヒ其他ノ邦國ニ於テ一般人民ヘ選擧權ヲ與ヘタルハ皆理論ヲ實際ニ應用シタル者ナルノミ獨リ我カ英國ハ則チ然ラス往昔ヨリ漸々改進シテ今日一般戶主ヘ選擧權ヲ與フルニ至リタルナリ

此ノ如ク漸々步ヲ進メテ選擧權ヲ擴張布延スルニ當テヤ每ニ必ス之ニ抗抵スル者アリテ存セリ而メ抗抵者ノ論據亦理ナキニアラス故ニ余輩今其大主要ナル論點一二ヲ擧テ聊カ論評スル所アラントス

第一論者曰ク財產ト敎育トニ正當ナル勢力ヲ有セシムルニハ選擧權ヲ狹隘ナラシメサル可カラスト余輩此論ノ誤謬ナルヲ見ルナリ何トナレハ則チ財產アリ敎育アル輩ニシテ其鄕黨ノ間ニ勢力ヲ得ント欲セハ甚タ容易ナリ此輩ヲシテ常ニ其鄕黨朋友ノ利益ヲ圖ヲシメヨ其

常ニ大勢力ヲ掌握スヘキヤ疑ナシ然ルニ今如シ此輩カ自己ノ勢力ヲ維持スル爲メニトテ選擧權ヲ制限セント欲セハ是自ラ其鄕黨朋友ノ利益ヲ思ハサルヿヲ證明スルナリ鄕黨朋友ノ利害ヲ顧ミズシテ自己ノ勢力ヲ維持セント欲スルナリ豈誤謬ノ甚シキ者ナラスヤ

第二論者曰ク若シ漫リニ選擧權ヲ擴張セハ之ヲ施行スルニ足ラサル資格ノ者ニ選擧權ヲ與フルヿ尠少ナラサルヘシト此論ハ稍〻事實ニ合フ者ナリ然レ𪜈論者ハ社會ノ一方ニノミ着眼セシカ爲ニ大ナル誤謬ヲナセリ蓋シ論者ハ偏ニ眼ヲ勞働社會ニ注キ其教育ニ乏ク私利偏見ノ爲ニ不正ノ選擧ヲナサンヿヲ恐ルヽカ如シ論者ノ憂ル所理ナキニ非ス勞働社會ニハ選擧ヲ行フニ勝ヘサル者夥多ナルヘシ然レ𪜈是豈勞働社會ノミナランヤ大學ノ卒業生モ亦然リ若シ選擧權ナル者ハ保證スベキ資格ヲ有スル者ノミニ與フヘキ褒賞ナラハ公衆ノ中ヨリ選

抜シタル一小衆ノ者ニノミ之ヲ附與スヘキヿナランヽ然レ𪜈此小衆ハ誰カ之ヲ選抜スヘキヤ如何ナル權力ヲ有スル者アリテ之ヲ選抜スヘキヤ余輩之ヲ知ル能ハサルナリ故ニ余輩ハ其學士タリ商人タリ勞働人タルヲ論セス皆同一ノ標準ヲ以テ選擧權ヲ附與スルナリ人ヲシテ猜忌ノ心ヲ起サシムルカ如キ區別ヲナスヲ欲セサルナリ

論者又曰ク吾人ハ選擧權ヲ擴張セントヽ欲シテ反テ選擧ノ全權ヲ一部ノ人民即チ勞働社會ノ掌中ニ歸セシメタリ勞働社會ハ員數尤モ多シ故ニ一般戸主ニ選擧權ヲ與フレハ勞働社會最モ勢力ヲ占ム可キハ數ノ免ル可カラサル所ナリト嗚呼論者ハ勞働社會ハ他一般社會ト其利害ヲ異ニシ其得失相離反スル者ト思考スルヤ是豈怖ルヘキ說ナラスヤ余輩ハ則チ謂ハントス苟モ輿論ノ嚮導者ニシテ畏ルヽヿナク憚ルヿナク公正ヲ主トシ熟慮ヲ回ラシ以テ能ク嚮導者タルノ義務ヲ盡シ

タランニハ勞働社會ノ者ハ決シテ論者カ思考スルカ如キ存念ヲ抱カサルヘシ勞働社會ハ「自己ノ利害ハ他一般社會ノ利害ト相異ナリ自己ノ得失ハ他一般社會ノ得失ト相反スル者ナリ」ト謂フカ如キヿハ必ス是アラサルヘシト

選擧區域

一千八百三十二年迄ハ選擧區域ハ歷史上ノ關係ヲ取テ立テラレタリ即チ二三ノ例外ハアレ𪜈古昔ノ州古昔ノ市邑ハ各皆二人ノ代議士ヲ國會下院ニ送リタリ故ニヨークシャー州ノ如キハ一萬四千ノ地主アレ𪜈猶《ホ》二人ノ代議士ヲ送リ二人以上ハ決シテ送ルヿ能ハズ然ルニ或ル一市邑ニ於テ選擧者ハ僅ニ一人ニシテ猶《ホ》二人ノ代議士ヲ送リタリ一千八百三十二年ノ改革案及ビ一千八百六十七年ノ改革案ニテ此ノ如キ不公正ハ略《ホ》救治セラレタリ遂ニ一千八百八十五年ニ至リ一大改

革ヲ加ヘ全體ノ組織ヲ一般通則ニ充テタリ合衆王國(英、愛、蘇、三國ノ通稱)ノ多分ヲ殆ント同一ナル區域ニ分畫シ各區域ヨリ一人ノ代議士ヲ送ルコトセリ此區畫法ヲ未タ採用セサルニ及ンテヤ國會ハ選擧權分配ニ關スル三個ノ計畫ヲ取リ來リテ其利害得失ヲ對照比較セサル可カラザリシ余輩今試ニ之ヲ論セン

第一佛國ニテ「スクルチン、ド、リスト」ト稱スル方法アリ其方法タルヤ廣大ナル區域ヲ造リ一區域内ヨリ數人ノ代議士ヲ送ルナリ選擧人ハ各皆該區域内ヨリ送ルヘキ代議士ノ員數ダケヲ選擧スルノ權ヲ有ス故ニ各區域内人民ノ多數カ該區域内代議士ノ全數ヲ選擧シ得ルナリ此方法タル我カ英國ニテハ之ヲ賛成維持スル者實ニ尠少ナリシ

第二ヲ比例代議ノ方法ト云フ此方法ハ甚廣大ナル區域ヲ取ルナリ或ハ全國ヲ擧テ一區域ト看ルモ可ナリ各選擧人ハ唯一人ヲ選擧スルノ

權アリ然レ𪜈數名ノ候補者ヲ指摘シテ自己ノ好ミ取ル次第順序ヲ記入シ置クヿヲ得ヘシ而ソ煩雜ナル方法アリテ以テ該數名ノ候補者中ノ一人ヲ實ニ自己ノ選擧シタル者トスルヿヲ得ルナリ即チ自ラ第一ト指摘シタル候補者ハ他ニ之ヲ選擧シタル者甚タ數多ニシテ自己之ヲ選擧シタル者トセサルモ已ニ既ニ代議士タルヿヲ得ル時ハ則チ自己ノ實ニ選擧シタル者ハ第一者ニアラスシテ反テ或ハ第二ニ指摘シタル者ニアリトカ或ハ第三第四ニ指摘シタル者ニアリトスルヿヲ得ルナリ然レ𪜈其之ヲ爲スヿヲ得ルト否トニ關シテハ甚タ煩雜ノ規則方法ノアリテ存スルナリ要スルニ此方法ニ從ヘハ自由黨モ保守黨モ其黨員ノ多少ニ比例シタル代議士ノ員數ヲ出シ得ルナリ又如何ナル說ヲ持シタル黨派ニテモ苟モ能ク一候補者ヲ代議士トスルニ足ルダケノ投票數ヲ造リ得ル者ナラハ該黨ヲ代表スル議員ヲ出シ得ルナリ

抑〻右比例代議ノ方法ハ之ヲ他ノ方法ニ比フレハ理論上最モ公正ナル者ナリ然レヒ我カ英國ニテハ該方法ヲ賛成維持スル者甚タ尠少ナリシ而ソ其之ヲ賛成セサル所以ノ者ハ二個ノ理由アリテ存スレハナリ第一該方法ハ其主義ノ存スル所ヲ了解スルヿ甚困難ナリ故ニ反對論者ニ向テ駁撃ヲナスヿ容易ナラス蓋シ所謂實際政治家ナル者ハ容易ニ解釋セラレサル者ハ悉ク之ヲ擯斥スルヲ常トス此輩ハ事ヲ觀ルヿ甚粗大ニシテ精細ニ意ヲ注スルヿヲ欲セサルナリ第二我カ英國々是ノ精神ハ微細ノ事ハ之ヲ問ハス互ニ容宥退讓シテ政事ノ執行ヲ停滯セシメサルニアリ然ルニ比例代議ノ方法ハ此精神ト合同セス夫レ議員ノ國會ニ出ルヤ獨リ或ル論説或ル利害ヲ代表スルノミニアラス又公事ヲ施行スルヿヲ幇助センカ為ナリ然ルニ今若シ國會議員カ各皆一様同説ヲ懷抱スル小衆ノ為ニ選擧セラレタル者ナル時ハ各員皆該

衆ニ對スル義務責任重ク是カ爲ニ束縛セラレテ目下英國ヽ會議員ノ如キ自由ノ擧動ヲナスヿ能ハサルヘシ若シ果シテ此ノ如クナル時ハ下院ニ於テ多數ヲ制シ議決ヲ速ニシ政事ノ執行ヲ進捗セシムルヿ難カルヘシ是我國政治家カ比例代議ノ方法ヲ取ラサリシ所以ナリ余輩ハ此駁論ヲ以テ完全無缺ノ者トハ思考セサルナリ然レモ該駁論ハ英國ニテ大ニ行ハレタル者ナリシ

第三ハ即チ目下英國ニ行ハルヽ方法ニシテ全國ヲ殆ント均一ナル區域ニ分畫シ各區ヨリ一人ノ議員ヲ出ス方法ナリ此方法タル或點ヨリ看來レハ最モ粗大ナル者ナリ此方法ニ由レハ地方ノ少數者ハ皆全ク其所説ヲ代議スル者ナクシテ已マサル可カラサルナリ而メ論説ノ地方ニ分配セラルヽヤ唯偶然ノ者ナルノミ故ニ其論説ヲ地方ニ流行セシメ勝ヲ地方ニ制シタル政黨ハ下院ニ於テモ亦大多數ヲ制シ得ルナ

リ然レ圧此ノ如キ政黨々員ハ未タ必ス選擧者中ニ多數ナルニアラス或ハ選擧者中該黨ニ屬スル者甚少數ナルヿアリ或ハ毫モアラサルヿアリ唯該黨ノ論說カ一時偶然ニ勝ヲ地方ニ制シタルニ過キサルナリト是第三方法ヲ駁スル者ノ論ナリ余輩ハ此駁論ハ無効ノ者ナリトセス然レ圧又此駁論ヲ漫リニ稱賛スルヿ能ハサルナリ一區域ヨリ唯一人ノ議員ヲ出ス方法モ亦大ニ貴重スヘキ原素ヲ含有セリ該方法ハ全國ノ選擧者ヲ地方ニ從フテ各單位ニ分畫スル者ナリ而メ地方ヲ各單位區域ニ分畫スルハ好結果ヲ生スルノ方法ナリ然レ圧之ヲシテ好結果ヲ生セシムルニハ選擧者カ皆獨立ノ精神ヲ維持セサル可カラス自己ノ觀ル所ニテ最モ適當ナル人物ヲ選擧セサル可カラス在ロンドンノ政黨支配人ノ最モ適當ナリト觀ル者ヲ選擧スヘカラス且ツ一區域ヨリ一人ノ議員ヲ出スヿトスレハ其區域狹少ナルカ故ニ選擧ニ關ス

ル費用ト煩累ヲ減少スルナリ

候補者及議員

如何ナル者ト雖𪜈苟モ丁年以上ノ英國男兒ハ皆下院議員ニ選擧セラルヽヲ得ルナリ此通則ニ充タラサル取除ケノ場合ハ僅ニ二三ノミ請フ試ニ之ヲ陳ヘン貴族ハ上院ニ代議セラルヽカ故ニ下院議員タルヲ得ス國寺《エスタブリッシド、チャルチ》ノ僧官及ヒ「ローマン、カソリック」敎ノ僧侶ハ下院議員タルヿヲ得ス他ノ僧侶ハ選擧セラルヽヿヲ得ルナリ狂人罪人ハ選擧セラレス苞苴賄賂等不正ノ行アリタル者ノ中被選擧權ヲ失フヘキ者アリ猶ホ他ニ候補者ヲ制限スヘキ法律一アリ即チ各候補者ハ選擧ニ關係スル官吏ノ俸給等諸經費ヲ割賦擔當セサル可カラサル一事是ナリ

候補者ハ毫モ他ニ關係ヲ有セス自己一身ノ故ヲ以テ獨立政治家トシテ立ツヿヲ得ルナリ然レ𪜈其實際何如ヲ顧レバ自己一身ノ故ヲ以テ

立ツ者ハアラズシテ多クハ皆政黨ノ指名スル所トナルナリ且今若シ獨立不羈ノ議員ノミ下院ニ出タリトスルモ是等議員ハ必ス万事ヲ後ニシテ先ツ互ニ相集リテ數個ノ政黨ヲ組織スルニ至ルヘシ故ニ議員ノ候補者ハ寧ロ始メヨリ政黨ノ指名者タラサル可カラサルナリ然リ而シテ如何シテ一ノ政黨カ多數ノ候補者中ヨリ議員ヲ選擧スヘキヤハ重要ノ問題ナリ

政黨中ノ候補者ハ如何シテ選擧スヘキヤ何タル選擧者モ其好ム者ヲ指名シ得ルナリ何タル候補者モ紹介ノ有無ニ關セス來リテ自己ヲ選擧セラレンヿヲ求メ得ルナリ其レ此ノ如シ故ニ政黨中分離ヲ來シ其勢力ヲ微弱ナラシムルヿアリ此弊害ヲ防カント欲シテ計較ヲナス者アリト雖𪜈該計較ノ十分行ハレタルヿハ未タ嘗テ之アラサルナリ而シテ通常ノ塲合ニ於テ該計較ノ十分ニ行ハルヽハ賀ス可キ事ニアラサ

ルナリ
人アリ若シ如何ナル者ヲ以テ候補者ニ選擧スヘキヤト問ハヽ余輩ハ即チ之ニ答テ曰ハン下院ノ事務ヲ了解シ叉之ヲ執行スルニ最モ適當ナル人物コソ然ルヘケレト國會議員ハ雄辯家タルヲ要セス反對論ヲ駁撃スルニ巧ナルヿヲ要セス而ソ國會議員ハ法律及政治ノ問題ニ關シテ正當ナル發言贊成ヲナスニ足ルヘキ智識ト經驗トヲ有スルヿヲ要ス苟モ我國政黨爭鬪ノ常ニ暴激ヲ極メ悠久ニ爾ルヿヲ熟知シタラソ選擧者ハ其選擧ノ時ニ當リ泰然トシテ動カサルノ精神ニ乏ク動モスレハ則チ激勵スルカ如キ候補者ハ之ヲ選擧セザルコソ善カルヘケレ
候補者ヲ選擧スル人々ハ豫メ其所思ヲ開陳シテ以テ選擧スヘキ候補者ヲ約束スヘキヤ否夫レ選擧者ト被選擧者トノ關係約束ハ十分判然

ナラサルヘカラス選擧セラルヘキ候補者ハ選擧者ニ對シテ十分自己ノ持說ヲ開陳セサル可カラス而ソ下院ニ入ルニ及ソテ自己ト自己ヲ選擧シタル者トノ間ニ甚シキ異說アルヲ見ルトキハ該候補者ハ直ニ議員ノ職ヲ退クコソ最モ名譽ヲ重シタル擧動ト稱スベケレ然リ而ソ我邦ノ法律ニテハ議員ノ退職ヲ許可セス唯皇帝部屬ノ官吏トナレハ退職スルヿヲ得ルノミナリ是レ我國ノ爲ニ不幸ト謂フヘシ議員ハ自己ヲ選擧シタル者ノ論說ヲ尊重セサル可カラサルヿハ已ニ既ニ論述シタルカ如シ然レトモ議員ヲ選擧シタル者ニ於テハ又十分議員ヲ獨立ナラシメサル可カラス夫レ國會議員ハ聰明ナラサル可カラス然レトモ又端正ノ人物ナラサル可カラス常ニ自己ノ判定ニ由テ事ヲ決スル者ナラサル可カラス選擧者中或ハ數多ノ問題ヲ擧ケ煩雑ナル政黨規約ノ箇條ヲ擧テ以テ議員ヲ束縛セント欲スル者アリ若シ此ノ如キ方略ノ

大ニ行ハレタランニハ國會議員ハ候補者タルノ點ヨリ看來レハ甚安全ナル會集ナルヘシト雖𪜈代議士タル點ヨリ看來レハ甚タ鄙劣ノ會集タルナリ蓋シ候補者ハ選擧者ノ意ニ合ハンヿヲ欲シテ自己ノ意見ヲ抑制スルノ傾向アル者アリ故ニ選擧者ハ常ニ之ヲ記憶シ此傾向ノ過甚ナラサル樣注意セサル可カラス

醜穢所行

選擧者中往々「國會議院ニ列席スルハ名譽アルヿナレハ候補者ハ選擧者ニ對シテ報酬金ヲ拂ハサル可カラス」ト思考スル者アリ是ニ於テ或地方ニ於テハ議員撰擧ノ事ハ國士カ利得ヲ占ムル好機會ナリト思考スル者アルニ至レリ是等ノ弊害甚シカリケレハ政府ハ之ニ關シテ新ニ法律ヲ編制スルニ至レリ故ニ該法律ノ爲ニ抑制セラルヽ者尠少ナラサルヘシト余輩ハ信スルナリ然レ𪜈醜穢所行ノ法律ヲ以テ制シ得

ヘキ者アリ制シ能ハサル者アリ今法律ノ制シ能ハサル一例ヲ擧ケン富人カ選擧人ヲ撫育スルカ如キハ之ヲ制シ能ハサルナリ富人ハ數年相次テ一地方ノ爲ニ資財ヲ費シ其人望ノ故ヲ以テ國會ニ立ツヿヲ得ルナリ此ノ如キ所行ヲ禁制スルハ容易ノ事ニアラス唯撰擧者ノ間ニ政治的ノ廉恥心ヲ養成セハ能ク之ヲ禁制スルヿヲ得ヘキノミ

政治家輩カ其維持者ノ心ヲ得ント欲シテ之ニ盡ス所行中醜穢ト稱シテ可ナル者往々是アリ各政黨ハ皆其恩德ヲ布カンカ爲ニ該黨ノ維持者ニ對シテ某ノ事ヲ排斥シ某ノ件ヲ贊成シテ以テ是等維持者ノ利益ヲ謀ルヘシト約束スルヿ往々是アリ然レ𪜈眞ニ之ヲ正當ナリト思考シテ贊成スル者ト之ヲ贊成シテ私利ヲ營マント欲スル者トヲ區別スルハ甚難キ事ナリ故ニ右ニ陳ヘタル如キ弊害ヲ防禦スルハ特ニ吾人ノ難シトスル所ナリ然レ𪜈强テ防禦ノ術ヲ求メハ唯一般人民ニ「公事

ヲ處理スルニハ公明正大ヲ主トセサル可カラス」トノ思念ヲ涵養スル
ノ一方アルノミ

秘密投票

無數ノ投票ヲ取リ來リテ之ヲ數フルハ困難ノ事業ナリ此方法ヲ論スルニ方テ余輩ハ先ツ數多形態上ノ問題ヲ解釋セサル可カラス又最モ重要ナル道德的ノ一問題ヲ解釋セサル可カラス何ソヤ即チ選擧人ハ自己ノ選ム所ヲ公ケニ宣言スヘキヤ否ノ問題是ナリ我國及ヒ他ノ諸國ニ於テモ今日ハ皆秘密投票ヲ用ユルナリ而ソ其之ヲ用ユル所以ノ理由ハ三アリ

第一秘密投票ハ投票開發ノ日調査ニ辨理ナリ

第二秘密投票ノ爲ニ醜穢ナル汚行ノ妨ケラルヽ者アリ自己ヲ指名投票スルノ約束ニテ投票者ニ金錢ヲ贈與スル者ハ自己及ヒ投票者二人

共ニ皆不正ノ行ヲナス者タルヿハ承知スル所ナリ故ニ「我若シ彼ニ金錢ヲ附與スルモ彼我ヲ欺キ反テ密ニ我ニ背テ投票スルヿアラン」トノ疑念アラハ此ノ如キ不正ノ贈與ハ自ラ減却スベシ然レ𪜈此ノ如キ利益アルト同時ニ又正ニ之ト反對ナル弊害ノ存スルナリ投票秘密ナルトキハ選擧者ハ兩樣ニ投票ヲ賣却シ得ルナリ一千八百八十年ニ英國ノ一市區內ニテ投票ノ二重賣却ヲナシタル者百二十七人アリタルコトアリ

第三秘密投票ノ最利益アル所以ハ其能ク脅嚇ヲ妨クルヿ是ナリ一商人アリ自己ハ自由黨ヲ投票センヿヲ欲ス然レ𪜈地方保守主義ノ華主ハ其取引ヲ止ムベシト脅嚇スルヿアリ一宗徒アリ自己保守黨ヲ投票セント欲ス然レ𪜈自由主義ノ宗友之ト絶交セント脅嚇スルヿアリ是等及ヒ之ニ類シタル場合ニ於テ秘密投票ハ選擧者ヲシテ安然自己ノ

信スル所ヲ記入スルヿヲ得セシム
不幸ニシテ秘密投票ノ與フル所ノ保護ハ一部分ニ止リ一般選擧人ハ之カ爲ニ保護セラルヽヿ能ハサルナリ如何ナル法律アリト雖圧地主カ借地人ニ對シテ「選擧人カ如何ナル投票ヲナサントスルヤ」ヲ尋問スルヿヲ妨ケ能ハサルナリ選擧人カ其返答ヲ拒ム𪜈ハ地主ニ抗抵スル者トセラルヽナリ故ニ止ムヲ得ス其返答ヲナサヽルヲ得ス又虚妄ノ返答ヲナセハ地主ヲ欺ク者トセラルヽナリ是ニ於テ己ヲ欺キ顔色ヲ作リテ正當ノ答ヲナシ地主ノ意ヲ向ヘサル可カラス故ニ自己ノ投票勝ヲ制スレハ反テ之ヲ悲ミ自己ノ指名シタル候補者失敗スレハ反テ欣然タルカ如キヿ往々之アルハ免レサル所ナリ
設シ人民一般ニ善良方正ナル時ハ一人カ他人或ハ他黨ニ反對シテ投票スルモ互ニ惡意ヲ生セサルヿヲ得ルナリ故ニ吾人カ秘密投票ヲ廢

シ得ルノ時來ラハ吾人ハ直ニ之ヲ廢セサル可カラス何トナレハ選擧人カ候補者ヲ記入投票スルハ獨リ自己ノ爲ニスルノミニアラス又他人ノ爲ニスルナリ今甲某アリテ自由黨員ヲ投票シタリトセンカ是レ甲某カ五年乃至六年間全國ノ政權ヲ擧テ之ヲ自由黨ニ歸セシメントスル者ナリ而メ自由黨遂ニ勝ヲ制シ天下ノ政權ヲ其掌中ニ握リ政治ヲ左右スルニ至ラハ其政治ノ善惡ニ關シテ甲某モ亦十分其責ニ任スヘキ者ナリ是レ甲某ノ鄕黨朋友カ承知セサルヘカラサル所ナリ

選擧者ヲ擧テ皆方正ニシテ毫モ政黨ニ關セス各自其佳ト信スル所ヲノミ投票セント決心スルニ至ラハ恐嚇ハ決シテ行ハルヽ能ハサルナリ

第八章　至善至良ノ國家

善良ナル政府ハ道德ト勸勉ヲ奬勵シ國士各々ノ間ニ愛國心ヲ撫育セ

シメ社會ヲ組織スル各種黨族ノ間ニ良意ヲ發生セシム聰明ナル政治家カ常ニ得ント欲スル至良至善ノ國家ハ以上ノ數言ヲ以テ之ヲ盡シタリト曰フヘシ然レモ余輩今善良ナル政府トハ如何ナル者ナルヤニ關シテ稍〻精核ナル思想ヲ得ント欲スルカ故ニ余輩ハ猶《ホ》國家ノ事ヲ論究スルニ方テ常ニ提出セラルヽ二三問題ヲ評論セサル可カラス世ノ或ル政體或ル政治ヲ賛稱スル者ハ必ス曰ハン某政體某政治ハ公正ナリ自由ナリ進歩ヲ助クルナリ秩序ヲ保持スルナリ曰ク何曰ク何ナリ故ニ善良ト謂ハサル可カラスト而シテ其秩序ト曰ヒ自由ト曰ヒ何ト曰ヒ何ト曰フ者ハ皆是一定ノ意義ヲ有スル思想ニシテ吾人ノ知ラサル可カラサル所ナリ余輩請フ之ヲ論セン

秩序

社會ノ幸福ニ最モ必要ナル者ハ何ソヤ曰ク人々互ニ損害ヲ加フルヿ

ヲ欲セス一般利益ノ爲ニ設ケタル法律ヲ奉戴遵守センヿヲ力ムルニ至ル是ノミ此ノ如キ社會ヲ秩序アル社會ト云フ而〆大衆ノ集合スル體中ニテ秩序ヲ維持セント欲セハ數多方法ノ力ヲ假ラサル可カラス而〆是等ノ諸法ヲ總括シテ二項トナスヿヲ得ルナリ

第一秩序紊亂ヲ防禦シ及之ヲ刑罰スルノ方法アラサル可カラス何レノ社會ト雖𪜈擅恣ニシテ他人ノ損害ヲ顧ミス私利ヲノミ是營マント欲スル者多少アラサルハナシ而〆是等人民ハ强迫恐嚇ヲ用ヒスンハ到底之ヲ抑制シ能ハサルナリ然レ𪜈吾人ハ是等人民ノ爲ニ其强迫恐嚇ノ方法ヲ及ブベキダケ明瞭判然ナラシメサル可カラス强迫恐嚇ノ方法トハ何ソヤ刑法ノ謂ヒナリ皮相論者ハ則チ謂ク「苟クモ法律正當ナレハ强迫恐嚇ノ方法ヲ用ユルヲ要セス」ト然レ𪜈是誤見ノミ世ニハ或ハ甚無學ナル者アリ或ハ甚偏見妄信ノ者アリ或ハ私利ヲ計ルニ甚

熱心ナル者アリ是等ノ最モ甚タシキ者ニ至テハ「法律ニ違反スレハ刑罰ヲ蒙ラサル可カラス」ト十分覺知セサル以上ハ毫モ法律ヲ遵守セサルナリ

第二教育訓戒ノ方法アラサル可カラス即チ各國士ヲシテ法律ヲ理解シ又之ヲ遵奉セサル可カラサルヿヲ學ハシメサル可カラス善良ナル政府ハ其人民ヲシテ無氣無力ノ者タラシムルヿヲ欲セス人民ヲシテ各其智ヲ磨キ德ヲ養ヒ以テ國家ト共ニ力ヲ協セ一般ノ幸福ヲ增進スルヿヲ補翼セシム此ノ如キ教育ヲ受タル者ハ即チ社會秩序ノ中心トナルナリ此ノ如キ人ハ健全有用ノ輿論ヲ作リ以テ禍亂ヲ其未タ發動セサルニ防ク者ナリ

自由

自由トハ消極ノ意義ヲ有スル語ナリ即チ單ニ抑制ノ存在セサルヲ是

レ言フナリ夫レ人ハ抑制ヲ好マサルヲ常トス苟モ廢シ得ヘキ抑制ハ之ヲ廢センヿヲ欲スルハ人ノ常情ナリ是ヲ以テ自由ノ語ハ常ニ人ヲシテ聞クヿヲ喜ハシムルナリ社會改良ニ必要ナル自由二種アリ請フ之ヲ陳ヘン

第一社會ハ外國ノ干渉支配ヲ免レサル可カラス故ニ吾人ハ「グリース」國民カトルコ政府ノ羈軛ヲ脱セシ時「グリース」ハ自由國トナリタリ」ト云フナリ然レトモ開明ノ進度猶甚タ幼稚ナル國民ハ優等人種ノ屬下トナリテ反テ利益ヲ蒙ルヿナキニアラス例之ハ「ナータル」植民地ノ「ズールー」人ハ之ヲ本國政府ニ屬スル「ズールー」人ニ比フレハ遙カニ優リタル所アリ蓋シ一國民カ能ク自由獨立國トシテ存立スルニ適スルヤ否ハ是レ事實ノ問題ニシテ之ヲ決スルヿ甚難キ問題ナリ

第二一個人民ガ政府ヨリ不要ノ干渉ヲ受クルヿヲ免レズンハ社會ガ

開明進步ヲ爲ス能ハザルナリ夫レ政權ヲ掌握スル者ハ自己未タ十分了解セザル事ニ關係セントスルノ弊アリ又種々ノ言論及ヒ事業ヲ抑制セントスルノ弊アリ此二弊ハ免ルベカラサル政府ノ通弊ナリ故ニ吾人ハ常ニ意ヲ注シテ一個人ノ言行思想ニ關シテハ十分ノ自由ヲ與ヘザル可カラス各人自ラ其責ニ任シテ思考スル所施行經營スル所ハ可成的自由ナランヿヲ計ラザル可カラス

各人自由ノ論タル其據ル所甚强堅ナリ故ニ余輩今「自由主唱ノ論者ニシテ往々誤謬ノ説ヲ持シ來テ以テ自由ヲ稱賛スル者アル」ヿヲ指摘シ以テ之ヲ駁撃セントス蓋シ此ノ如クスルモ自由論ニ於テ毫モ損傷スル所アラザレバナリ

自由主唱ノ論者中「人ノ天性ハ善良ナリ故ニ自由ヲ與ヘザル可カラズ」ト云フ者アリ此輩曰ク不完全ナル法律ノ抑制ヲ除去セハ善美ノ天性

自然ニ發動シ來リテ人々互ニ道ヲ守リ毫モ爭鬪スルヿナキニ至ルベシト是レ人性ヲ知ラサル論ナリ人ハ天性善ニアラズ又惡ニアラズ吾人ガ自由ヲ主唱スル所以ノ者ハ善ハ益〻善ナラシムルヿヲ欲スルガ故ナリ而ソ又惡ヲシテ自然ノ惡報ヲ受ケシメンヿヲ欲スルガ爲ナリ
論者アリ又曰ク人生ノ言行中唯自己ノミニ關係スル者アリ故ニ此ノ如キ言行ハ社會ヨリ之ヲ干渉スベカラズト是ミールガ其能辨ナル自由論ニテ稱道スル所ナリ然レ𪜈余輩ハ之ニ服スル能ハザルナリ一個人ノ言行ニシテ全然社會ニ關係ヲ絶ツ者ハアラザルナリ又吾人ノ爲ル所ハ吾人ノミニ關係セリ毫モ他人ニ關係セズ故ニ社會ハ之ニ干渉スルノ權利ナシト」論スルモ是社會干渉ノ權利ヲ駁撃スル正當ノ理由トナス可カラズ今試ニ一例ヲ擧テ之ヲ論セン今人アリ自己ノ家內ニテ飲酒ヲ釀造シ自ラ之ヲ玩味シ而ソ一人ノ之ヲ告發スル者アラザレ

バ國家ハ之ニ干渉スルノ權利アラザルベシ何ゾヤ彼一個人ノミニ關係スル所行ヲナシタルガ故ニ國家ガ之ニ干渉スルノ權利アラザルニハアラザルベシ彼ハ實ニ社會ニ對シテ甚タシキ罪ヲ行タル者ナリ然レ𪜈國家ヲシテ其家事ヲ探求捜索スルノ權利ヲ取ラシムルニアラズンバ國家ハ彼ニ關係スルヿ能ハサルナリ而ソ國家ヲシテ一私人ノ家事ヲ探求捜索スルノ權利ヲ取ラシムルハ甚安全ナラザルナリ是國家ガ彼ニ干渉シ能ハサル所以ナリ

公正

「公正《ジヤスチス》」ナル語程政治論場ニ於テ多ク使用サルヽ語ハアラザルナリ然レ𪜈亦此語程精核ナル意義ノ定マラザル者ハアラザルナリ吾人如シ意義ノ精核ナルヿヲ欲セハ此語ニ附シタル種々ノ意義ヲ一々點撿セザル可カラズ余輩ノ見ル所ヲ以テスレバ開明社會ニ於テ公正ナル語ハ

三種ノ意義ニ使用サルヽナリ

第一法律ニ關スル公正、此公正トハ如何ナル塲合ニモ如何ナル人ニモ均一平等ニ其國ノ法律ヲ該當サスルヲ云フナリ判事ナリ官吏ナリ忠實ニ法律ヲ執行セザル可カラズ自己法律ノ善惡ヲ疑ヘバトテ之ヲ執行スルヿヲ拒ム可カラズ國士ハ皆法律ヲ遵守セザル可カラス其自己ノ利害ニ適スルト否トヲ問ハス之ヲ遵守セザル可カラズ一人アリ「此法律ハ我ニ對シテ不正ナルガ如シ故ニ我之ヲ遵守セズ」ト云フヿヲ得ルトセバ各人皆如何ナル法律ニ對シテモ之ヲ云フヿヲ得ルヿトナラン若シ此ノ如クナラハ社會ノ安寧ハ一日モ保持スベカラザルナリ

第二立法官ノ所謂公正ナル語ハ行政官ノ用ユル者ヨリモ其意義廣大ナリ何トナレバ新ニ法律ヲ造ル時ニ方テ吾人ハ己ニ既ニ決定シタル主義ノミヲ應用セズ吾人ハ新主義ヲ採用シ又之ヲシテ有力ナラシム

ルノ方案ヲ作爲シ得レバナリ此ノ如キ權力アルガ故ニ賢明ナル立法者ハ總テノ人總テノ請求ニ對シテ一樣ニ考案ヲ下シ或ハ富人ガ其富有ノ故ヲ以テ特別ノ待遇ヲ請求スルモ或ハ貧人カ其貧窶ノ故ヲ以テ特別ノ待遇ヲ請求スルモ苟モ特別ノ性質ヲ帶ヒタル者ハ悉ク之ヲ擯斥スベシ立法者ハ可成的衆人一般權利ノ同等ヲ應用セントカムベシ」

第三最綿密最完全ナル公正ハ一個人ノ公正ナリ即チ方正ナル一個人ガ自己ノ分內ニ行フ擧動ト勢力トノ公正是ナリ公正ナル人ハ甘シテ其國ノ法律ヲ遵守ス假令某法律ハ變更セザル可カラズト信ズルモ苟モ該法律カ國ノ法律タル以上ハ公正ナル人ハ讓ンテ之ヲ遵奉スルナリ公正ナル人ハ公平不偏ノ眼ヲ以テ他人ノ請求ヲ考察ス公正ナル人ハ他ヨリ物ヲ受ケタル片ハ或ハ勞力ヲ以テ或ハ金錢ヲ以テ充分之ニ報酬ヲ與フ公正ナル人ハ自己他人ニ對スル請求ハ張大ナラシメザラ

ソヿヲ是レ力ム公正ナル人ハ不善不良ノ事ハ之ヲ遠ケ他ヲ損害シテ利益ヲ營マントスルガ如キ計畫ハ排斥シテ之ニ與ミセス是一個人道義上ノ公正ニシテ其性質甚完全ナリ政治上ノ公正カ何レノ時能ク此ノ如キ完全ノ域ニ達スベキヤ余輩之ヲ知ル能ハザルナリ

政治的ノ公正ガ能ク純粹完全ノ公正トナリ得ルヿハ決シテアラザルナリ國家ニシテ如シ純粹完全ノ公正ヲ行ハントセバ國家ハ先ツ完全ノ智識ヲ具備シ無限ノ權力ヲ掌握セザレバ之ヲ爲ス能ハサルナリ然リ而ソ國家ノ智識ハ猶《なほ》甚不完全ナリ又今日ハ猶《なほ》吾人カ國家ノ權力ヲ嚴格ナル區畫內ニ制限セザル可カラサルノ時ナリ然ラザレバ則チ吾人ハ直ニ無上ノ擅制抑壓ヲ蒙ルニ至ルベキナリ是國家カ純粹完全ノ公正ヲ行ヒ能ハザル所以ナリ熟《つらつら》社會ヲ看一看セヨ國家カ之ヲ矯正シ能ハザルノ惡習何ソ多キヤ國家カ其賠償ヲ受ケシムルヿ能ハザル

損害ヲ蒙ル者何ソ多キヤ國家カ之ヲ强行セシメ能ハザル義務何ソ多キヤ夫レ正理公道ハ近親ナル者ノ間ニ在テハ殊ニ能ク實行セラルヽ者ナリ然レ圧夫婦ノ間地主ト借地人トノ間使役人ト使役セラルヽ者トノ間是等ノ者ノ間ニ正理公道ヲ强行セシムルヿハ國家ノ爲シ能ハザル所ナリ

政治學者中「何ノ所ニ公正ハ存在スルヤ」ヲ發見スルハ甚容易單一ノ事トスル者アリ「財產ニ關シテ困難ナル問題起ル時ニ方テ苟モ正直ナル人ナラバ公正ノ處置ヲ下スヿ容易ナリ」ト信ズル者アリ然レ圧公正ノ存スル所ヲ發見スルハ甚困難ノ事ナリ故ニ社會ノ事物ニ通達シタラン人ハ或ハ判事トナリ或ハ分配家トナリテ財產ヲ處分スルヿハ甚之ヲ好マザルナリ是公正ナル處置ヲ下スヿノ甚難キヿヲ知レバナリ

公正ノ處置ヲ受ケタラハ吾人ハ皆充分滿足スベシト思考スル者アリ

然レモ余輩ハ恐ル是亦誤謬ニアラザルナキヤト如シ公正不偏カ十分ニ行ハレタランニハ恐クハ予モ汝モ共ニ倶ニ稍不愉快ナル狀態ニ陷ルベシ何ソヤ吾人ハ至正至直ノ行爲勤勞ニ由テ得タル者ノ外ハ之ヲ受領スルヿ能ハサルベシ苟モ惡ヲナシ善ヲ怠ラハ其大小巨細ヲ問ハズ吾人ハ直ニ相當ノ刑罰ヲ蒙ラザル可カラズ吾人ハ皆此ノ如キ狀態ヲ好愛スベキヤ余輩疑ナキ能ハズ世ノ公正ヲ要求スル輩ニシテ或ハ唯單ニ自己ノ懷抱スル不滿不平ヲ掃除スルヿヲ以テ公正ナリト思考スル者アリ此ノ如キ輩ハ純粹不偏ノ公正ヲ完然應用スルノ結果ハ如何ナルベキヤ毫モ之ヲ理解セザル者ナルノミ

人權

第十八世紀ニ於テ政治的ノ公正ヲ論スル者ハ皆當時流行シタル尊人説ヲ根據トシテ説ヲ立タルナリ是等ノ論者曰ク人ハ生レナガラニシ

テ若干ノ權利ヲ享有セリ就中生命保存ノ權利幸福享受ノ權利等ハ其最モ主要ナル者ナリ故ニ設シ社會カ各人ヲシテ是等ノ權利ヲ享受シ能ハサラシムルカ如キヿアラバ此ノ如キ社會ハ之ヲ破壞スルモ毫モ妨グル所ナシト此論ノ眞意本義ヲ確知セント欲セバ吾人ハ先ヅ吾人ノ使用スル言辭ノ意義ヲ明ニ了解セザルベカラズ

權利トハ何ソヤ權利トハ國家カ之ヲ認承シ又必要ノ塲合ニハ之ヲ强行セシムル所以ノ請求力ナリ

譯者曰ク權利トハ法律ノ創定保護ニヨリ人民ノ享有スル能力ニシテ自己ノ利益ノ爲ニ他人ノ行爲ヲ覊制スル者ヲ云フト是法律家ガ降シタル權利ノ定義ナリ

故ニ已ニ權利ト云ヘバ必ズ雙方ノ對手ナカル可カラズ即チ之ヲ請求スル者及ヒ請求セラルヽ者是ナリ例之バ余ガ家ニ對スル余ノ權利ハ

余ガ之ヲ專有シテ他一般人民ヲ排斥シ得ルノ力ナリ隣人アリ若シ余ガ家ニ侵入シ來ラハ國家ハ啻ニ余ガ隣人ニ立去ルヿヲ請求スルヿヲ許スノミナラズ國家ハ又此ノ如キ請求ヲ强行セシムル樣余ニ助力スベシ看ヨ權利トハ請求力ノ稱ナルヿヲ而ソ請求力ガ能ク權利タルヿヲ得ル所以ノ者ハ其公正ニ合フガ故ニアラズシテ法律ヲ以テ之ヲ强行セシムルニ由ルナリ例之バ婦ハ其夫ヨリ懇篤ナル待遇ヲ受ルノ請求力アリ然レ𪜈是未ダ以テ權利ト稱ス可カラズ何トナレバ法律カ强テ夫ヲシテ其婦ヲ懇篤ニ待遇セシムルヿ能ハザレバナリ然レ𪜈婦ハ夫ヨリ十分ノ養料ヲ受クルノ權利アリ何トナレバ法律ハ强テ夫ヲシテ其婦ニ衣食ヲ供給セシムルヿヲ得レバナリ

然ラバ則チ德義上ノ權利トハ何ゾヤ余輩謂ク吾人ノ立法官ガ德義ヲ主トシテ法律ヲ編成スルノ時ニ至テ始テ權利トナルベキ請求力是ナ

リト自然權利トハ何ゾヤ余輩謂ク國會ガ天下ノ事物ニ關シテ吾人ト同一樣ノ觀察ヲ下スニ及ンデ始テ權利トナルベキ請求力是ナリト蓋シ德義上ノ權利ト云ヒ自然ノ權利ト云フ者ハ皆架空ノ理想ノミ政治法律ノ境界中實ニ其者存スルニハアラザルナリ故ニ若シ一ノ請求力ヲ權利ト稱スベキヤ否ヲ知ラント欲セハ先ツ其能ク現行法律ヲ以テ之ヲ强行シ得ベキ者ナルヤ否ヲ知ラザル可カラズ而シテ現行法律ヲ以テ强行シ能ハザル者ナラバ法律改良家ハ其果シテ能ク法律ヲ以テ强行セシメザル可カラザル者ナルヤ否ヲ考察セザル可カラズ或ハ余輩ガ下シタル權利ノ定義ハ全然法律的ニ陷リタリトテ之ヲ駁スル者アラン然レ𪜈權利ナル語ハ素ヨリ法律上ノ語ニシテ吾人カ權利ヲ欲スル所以モ亦其法律的ノ者ナルガ故ナリ即チ法律命令ヲ以テ自己ノ利益ノ爲ニ他人ノ行爲ヲ箝制スルガ故ナリ政治家ガ法律語ヲ用井ント

欲セバ宜ク嚴格ノ意義ヲ以テ之ヲ用ユベシ漠然タル意義ヲ以テ之ヲ用ユベカラズ
右ニ陳述シタル定義ヲ應用シテ所謂人權ナル者則チ生命保存ノ權利ナル者ヲ點驗セヨ夫レ人、生命保存ノ權利アラザル可カラザルコハ極テ明々白々ナルコニシテ吾人カ更ニ之ヲ證明スルヲ要セズ天下ノ制度法律社會ノ組織成立皆爰ニ根據ストフモ不可ナカルベシ然レ𪜈試ニ開明社會ヲ看一看セヨ何レノ國ニ於テモ生命保存ノ權利ナル者ハ存在セザルナリ而メ吾人ハ之ヲシテ法律上認定シタル權利タラシメント欲セバ必ズ先ヅ考一考セサル可カラザルナリ何ヲ以テ之ヲ言フヤ今若シ各人皆生命保存ノ權利アリテ社會一般ニ對シテ之ヲ强行シ得ベキ者ナランニハ未來數年間ハ貧窶飲乏ヲ訴フル者アラザルベシ饑餲ニ迫ル者アラザルベシ貧窮ナル農民モ早年ヨリ婚姻ヲナシ數多ノ子女ヲ生產スベシ而ソ是等ノ子女亦生命保存ノ權利ヲ有スルヿ毫モ他ニ異ナラザルガ故ニ地主或ハ國家ハ其饑餓ニ迫ラザル樣常ニ意ヲ用ヱルノ義務アルベキナリ其レ此ノ如シ是余輩カ考一考セザル可カラズト云フ所以ナリ

吾人ハ「一人ソ權利トハ即チ他人ガ其人ニ對シテ盡サヾル可カラザル義務ニ外ナラズ」ト云フヿヲ忘ル可カラザルナリ其レ然リ然ラバ則チ一個人ノ權利ハ嚴格ニ制限セザル可カラザルヿ明ナリ又生レナガラニシテ權利ヲ獲得スルヿ能ハザル者ナルヿ明ナラン

同等

純粹眞正ノ同等ナル者ハ勿論架空ノ理想ニシテ到底行ハレ能ハザルナリ夫レ人々自然ノ等差ハ實ニ甚シキ者ニシテ如何ナル權力アリト雖モ之ヲシテ同等ナラシムルヿハナシ能ハザルナリ然リト雖モ政治

的ノ公正中ニハ必ズ多少同等ノ元素ヲ含マザル者ナシ請フ試ニ之ヲ論セン

第一法律ノ上ニテハ各人皆同等ナリ判事ナリ官吏ナリ或ハ其族別貧富ニ由リ或ハ其政治上ノ説ニ由リ或ハ其社會ニ有スル人望ニ由リ人ヲ處理スルニ差等アルハ不正ト云ハザル可カラズ又法律ガ一方ノ人民ニ利益ヲ與ヘント欲シテ反テ一方ノ人民ニ損害ヲ加フレバ是亦不正ト云ハザル可カラズ

次ニ同一社會ノ國士中政治上ノ事ニ關シテハ悉皆同等ナラザル可カラズ今其レ人ハ皆同一善良ナリト曰ハヾ則チ非ナラン然レモ各人皆自己ニ關係シタル問題ハ政府ニテ同等ニ聞キ入レラルヽノ權利ヲ有スルナリ又是等問題ヲ決スルニ方テ各人ノ利害ハ皆同等ニ考察セラルヽノ權利ヲ有スルナリ

吾人ノ間ニ行ハレンコトヲ欲スル同等ハ互ニ自己ノ權利ヲ主張シ互ニ他ノ失行ヲ指摘セントスル同等ニアラス是敵意ノ同等ナリ是余輩ノ欲セザル所ナリ余輩ノ欲スル所ハ朋友間ニ存スル同等ナリ善良ナル國士ハ曾テ人ヲ凌カズ又人ノ凌ク所トナラズ漫然人ヲ輕侮セズ又人ノ輕侮スル所トナラズ吾人ハ皆均ク是國士ナリ故ニ富有ナリ貴顯ナリトテ殊ニ餘分ナル國士ナリ、貧乏ナリ卑賤ナリトテ不足ナル國士ナリト思ハシムルガ如キコトアル可カラズ是余輩ガ欲スル所ノ朋友間ノ同等ナリ

同胞

各人皆同一祖先ヨリ降リ來リタルヤ否ハ未決ノ問題ナリ然レ𪜈其何レタルニモセヨ余輩ハ「人類ハ皆同胞兄弟ナリ」トノ念ヲ涵養スルコトヲ欲スル者ナリ然レ𪜈同胞ノ念ハ尙ホ未タ政治上ノ思想トシテ受理セラ

レザルナリ何トナレバ同胞兄弟タルノ念ノ存在スルハ唯自然ノ感情ニ發スル者ニシテ政治的ノ手段ヲ以テ直接ニ之ヲ奬勵シ能ハザル者ナレバナリ

最大多數ノ最大幸福

最大多數ノ最大幸福トハ實利主義ノ論者ガ主唱スル所ナリ此主義ニ從ヘバ社會ハ常ニ其最大多數ノ幸福如何ヲ注意スベシ或ル特殊ナル人民ノ幸福如何ヲ注意スベキニアラズト云フニアリ然レ𪜈吾人ハ直接ノ幸福ト畢竟ノ幸福トハ自然之ヲ區別セザル可カラザルナリ直接ノ幸福トハ常ニ吾人ノ欲望ヲ滿足スルニ止ル者ナリ畢竟ノ幸福トハ直接ノ幸福ヲ抑制シ勤勞精勵スルニアラズンバ得ルヿ能ハザル者ニシテ形態的ノ幸福及ヒ心裡的ノ幸福ヲ兼ル者ナリ然リト雖𪜈吾人カ彼ノ最大多數ノ最大幸福ナル主義ヲ實際ニ應用セ

ント欲セバ吾人ハ直ニ知ル是唯明々白々タル眞理ヲ粗略ニ陳述シタル者ニ過ズシテ吾人政治ノ方向ヲ教導スル者ニテハ決シテアラザルヿヲ余今試ニ之ヲ論セン已ニ論シタルガ如ク幸福ニハ兩樣ノ種類アリ而メ此兩樣ハ互ニ相反對シタル者ニシテ一方ヲ奬勵スルノ方法ハ反テ一方ヲ抑制スル者ナリ且吾人ハ如何ナル標準ヲ以テ幸福ノ種類ト分量ヲ比較シ其大小ヲ區別スルヿヲ得ヘキヤ如何ナル議論ト雖ヒ此ノ如キ比較ヲ證明スルヿ能ハザルナリ譬ヘバ爰ニ一群ノ壯年者アリ若干ノ金錢ヲ消費セントス其半數者ハ之ヲ以テ書籍ヲ購ハント欲シ其半數者ハ麥酒ヲ求メント欲ス而メ今麥酒ヲ求メント欲スル者ハ皆書ヲ讀ムヿ能ハザル者ニシテ書籍ヲ購ハント欲スル者ハ時ニ麥酒ヲ飲ムヿアル者トセンカ此ノ如キ場合ニ方テ最大多數ノ最大幸福ハ麥酒ヲ得ルニアルベシ然レヒ一般ニ就テ之ヲ論セハ書籍ヲ購ヒタル

方遂ニ良策ナリト云ハザル可ラザルヘシ
人若シ他人ノ爲ニ幸福ヲ謀ラント欲セバ必ズ先ツ熟考セザル可カラザル者アリ即チ其謀ル所ハ他人ヲシテ幸福ナラシメザル可カラザル所以ノ者ナルカ將タ偶々事實上他人ヲシテ幸福ナラシムルニ止ル者ナルカノ考案是ナリ

理論ノ價値

以上政治上ノ理論ヲ考察シ來テ吾人ハ反テ失望セザル可カラザルノ結果ヲ得タリ吾人ガ日常其意義明々白々タルガ如ク之ヲ用井來リタル政治上ノ格言モ詳ニ之ヲ點撿スレバ皆甚漠然トシテ其意義ノ存在スル所ヲ知ル能ハザル者タルヿヲ見タリ然レ𪜈以上考察シタル政治上ノ格言ハ不滿足ナレバトテ吾人ハ遂ニ政治上ノ理論ヲ有セズト云フ可カラズ要スルニ余輩ガ政治上ノ論ハ即チ事實ヲ尊フベシ格言ニ

拘泥スベカラズ吾人ハ善良ナル國士タランヿヲ力メサル可カラス空漠ナル理論ヲノミ事トスル政治家タラザル様意ヲ用井ザル可カラズト云フニアリ

試ニ歐米各國ノ空理政治家今日ノ狀態ヲ看ヨ何ゾ其レ多忙ナルヤ此輩ハ自ラ之ヲ覺知シ能ハザル事實ノ間、又自ラ之ヲ處理シ能ハザル人民ノ間ヲ盲目然トシテ奔走セリ此輩ハ理論格言ヲ以テ事實ノ如ク思考セリ吾人政治上ノ問題ガ動モスレバ則チ空論虛說ニ流ルヽハ蓋シ是ガ爲ナリ或ハ秩序ノ重ンゼザル可カラザルヿヲ論ズル者アリ自由ノ貴マザル可カラザルヿヲ主唱スル者アリ而ソ此輩カ所謂秩序ト云ヒ自由ト云フ者ハ果ソ何ソヤ此輩自ラ之ヲ了解セザルナリ架空ノ理想ノミ

今夫レ家政ニ熟錬ナル家母ハ必ス秩序ト云ヒ自由ト云フガ如キ理論

ヲ提シ來テ喋々喃々トシテ之ヲ辯セザルナリ必ス一家ノ生活ヲ組成スル所ノ人物ナリ事狀ナリ是等ノ事實上ニ意ヲ注スルナリ而メ自己ハ則チ精確ナランヿヲ力ムルナリ公正不偏ナランヿヲ力ムルナリ常ニ平意虛心ナランヿヲ力ムルナリ唯其レ此ノ如シ而メ其子女ハ皆獨立ノ心アリ秩序ヲ保持シ自ラ助クルノ精神アルヿヲ得ルナリ聰明ナル政治家モ亦此ノ如シ常ニ自己ト共ニ倶ニ生存スル人民ノ狀態ニ注意スルナリ人民ヲシテ常ニ不滿ヲ抱カシメザルナリ人民ヲシテ公正善良ノ心ヲ存セシムルナリ若シ其レ此ノ如クナルヿヲ得バ嚴格ナル法則格言ヲ提出シテ之ヲ人生ノ事實ニ應用セントシ非常ノ混雜ヲ生スルニ至ラシムルカ如キヿアラザルモ公正ナル政治上ノ法式ハ自然氷解スルヿヲ得ベキナリ

第九章　政黨及ビ政黨政府

政黨トハ何ソヤ曰ク政黨トハ立法行政ノ事業ガ或ル格段ナル方法ヲ以テ施行セラレンヿヲ欲シテ同意結合シタル國士ノ會集ナリ政權ヲ有スル政黨トハ該黨中ノ主要ナル黨員ガ政府ノ要路ニ當ル者ヲ謂フナリ政權ヲ有セザル政黨ヲ反對政黨ト稱ス而ソ反對政黨ハ政府ノ處置ニ關シテ常ニ多少ノ反對説ヲ唱ヘ之ヲ誹議スルナリ反對政黨ノ主領ハ常ニ其黨員ガ屈撓セザランヿヲ力ムルナリ又政府ガ實ニ駁撃スベキ處置ヲ爲サハ宜ク直ニ之ヲ指摘スベシト其黨員ヲ奬勵スルナリ反對政黨カ主要ナル問題ニ關シテ能ク政府黨ヲ少數ナラシムルヿヲ得ハ則チ反對黨ハ政府黨ヲ除去シ自黨入リ更テ新政府ヲ組織スルヲ常トス

政黨ノ能ク一致結合スル所以ハ一ハ其説ノ同一ナルニ由リ一ハ又利害得失ヲ共ニスル各自ノ關係ニ由ルナリ國家ニ對シテ忠誠ナルガ如

ク黨員皆政黨ニ對シテ忠誠ナラズンハ政黨ハ立ツ丁能ハス政黨ハ各黨員ニ對シテ法律的ノ權力ヲ有セス然レ𪜈政黨ハ重キヲ黨員ノ言語動作ニ歸シ能ク黨員ノ言語動作ニ關シテ勢力ヲ有シ之ヲ左右スルニ於テ大ニ功ヲ奏シ得ル者ナリ

夫レ政治家カ自然分離シテ保守黨及ヒ改進黨ノ二派トナルハ免ル可カラザル所ナリ而メ其然ル所以ノ理由ハ甚タ明々白々ナリ然レ𪜈此分別法ハ甚粗大ノ者ナリ之ヲ以テ目今政黨實際ノ狀況ニ應用スルハ容易ノ事ニアラズ政黨ニ關スル問題ハ甚切要ナル者ナリ故ニ余輩今先ツ我國ニ存在シテ互ニ權力ヲ競爭スル各種政黨ノ歷史及ビ其今日ノ狀況ヲ講究シ以テ政黨ニ關シテ稍精確ナル見識ヲ得ソト欲ス

「トリー」黨

「トリー」黨ノ主義ハ昔日「カトリック」舊敎ノ權勢主義ヲ脫離セザル者ナ

リ即チ其主義ノ大要ニ曰ク人ハ元來自ラ秩序ヲ保持スル能ハザル性質ノ者ナリ故ニ政治上ニ宗教上ニ之ヲ誘導指揮スル者アラザル可カラズ夫ノ立君制度ナリ貴族制度ナリ國教制度ナリ皆吾人ニ必要ナル誘導指揮ヲ與ヘンガ爲ニ天帝ノ任命セラレタル所ナリト要スルニ該黨ハ權勢アル人ガ人民ニ對スル義務ヲ尊重ス然レ𪜈人民ハ該義務ノ執行ヲ促スノ權力ナク又自由ニ該義務執行ノ方法ヲ批評スルノ權力ナシトス故ニ該黨ノ賴ム所ハ人民ノ判定力ニアラズシテ反テ人民ノ忠順ニアリ

眞正ノ「トリー」主義ハ常ニ義俠ノ心ヲ發生スルノ傾向アリ然レ𪜈事實ニ關スル見識ハ甚淺弱ナリ查理斯《チャーレス》第一世ノ如キ檀橫ナル皇帝ヲ稱シテ愛國トナシ神聖トナシ以テ之ヲ尊信スルナリ該黨ハ漫然帝王ノ權力ヲ尊重シ帝王モ亦是レ過誤失錯ヲ免ルヿ能ハザル人類ナルヿヲ辨

知セザル者ノ如シ該黨ハ國教ヲ以テ一種異體ノ宗教的國民トセリ而ソ人民中國教以外ニ存立スル者亦甚多キヲ知ラズ故ニ「トリー」主義ハ益〻信向ヲ去リテ益〻感情ニ陷ルノ傾向アリ歴史的ノ空氣ヲ呼吸シテ近世社會ニ對スル活潑ノ關係ハ亡失スルニ至レリ

保守黨

「トリー」主義ヲ變シテ保守主義トセシハサ、ロバルト、ピールノ賢明ナル處理ニ出ルナリピールハ一千八百三十二年ノ改革案爾來「トリー」主義ノ復タ爲ス可カラザルヲ覺リ主トシテ保守主義ノ創立ニ盡力シタリ」保守黨ハ權勢主義ヲ維持スル者ニアラズ然レ𪜈該黨ハ皇室ナリ貴族ナリ國教ナリ是ノ三者ニ對シテ忠實ナリ而ソ其之ヲ爲ス所以ノ者ハ便利實益ヲ主トシテ之ヲ爲スナリ該黨ハ公衆人民カ高貴社會ノ利害ニ關シテ喙ヲ容ルヽヿヲ防ク者ナリ然レ𪜈該黨ハ又輿論ノ尊重セザ

ル可カラザルヿヲ知レリ該黨ハ革命變亂ハ常ニ之ニ反對セリ然レ𪜈穩和ナル改革變更ハ常ニ之ニ同意セリ

保守主義ハ大ニ貴重スベキ所アリ然レ𪜈該黨ハ確定シタル特性ヲ有セズ又確定シタル目的ヲ持セズ保守黨員中如何バカリ自由主義ヲ採用シテ可ナルベキヤヲ知ル者ハ殆ンド之アラザルナリ又保守黨員ハ及ブ可キダケ舊憲法ヲ保守センヿヲ欲スレ𪜈如何バカリ之ヲ保守スベキヤニ至リテハ全ク之ヲ頭領輩ノ決斷ニ一任セリ而メ頭領輩ハ徃々黨衆ノ意ニ背テ計ヲ決スルヿアリ是ヲ以テ黨衆ハ該主義中古昔ノ口碑ニ屬スル部分ハ厚ク之ニ附着セザルニ至レリ故ニ保守黨ノ將來ハ遂ニ如何成リ行クベキヤ余輩豫メ之ヲ知ル能ハザルナリ

「ホイッグ」黨

「ホイッグ」「トリー」ノ両政黨ハ共ニ沓査理斯第二ノ治世ニ起原セリ一千六

百八十八年ノ革命ニハ「ホイッグ」黨勝ヲ制シ當「ハノバ」家ヲ皇室ニ迎立セリ是ニ於テ「トリー」主義ハ排斥セラレ其後日爾日《ジョルジ》第三ノ時更ニ形態ヲ新ニシテ恢復シ來リタル迄ハ殆ント滅亡セシ勢ナリシ

「ホイッグ」黨ハ權勢主義ヲ排斥ス而シテ憲法ハ禁遏ト平均トヨリ成立セラレタル制度ナリト思考セリ「ホイッグ」黨ハ立君政體ヲ維持ス然レ𪜈國會ノ信任ヲ有スル大臣其人ノ力ヲ假ラズシテ帝王カ直ニ政治ニ參與スルヿハ之ヲ許サズ「ホイッグ」黨ハ國教ヲ維持ス然レ𪜈國教ヲシテ獨立ノ權力ヲ有セシメズ之ヲシテ國家ニ隷屬セシムルナリ「ホイッグ」黨ハ上院ノ存在ヲ稱道ス然レ𪜈上院カ專權特殊ノ境界トナルヿヲ欲セズ故ニ皇帝ヲシテ縱マヽニ新貴族ヲ作リ得ルノ權力ヲ附與シタリ

「ホイッグ」黨ノ要旨ハ一致ト退讓トニアルナリ代議士ヲ出サシメズシテ租税ヲ賦課スルヿヲ許サズ國會ニ代議タラシメタル臣民ノ同意贊成

ヲ得ズシテ法令ヲ頒布スルヿヲ許サヾルナリ

「トリー」黨ノ如ク「ホイッグ」黨モ亦確定シタル主義ヲ有スル政黨ナリ其レ然リ故ニ近世政治社會ニ存立スルヿヲ希望シ能ハザルナリ夫レ選擧權ハ一般人民ノ有スル所トナリ言論出版ハ完然自由トナリタル時ニ方テ一大政黨カ確定シタル主義ヲ保持スルハ策ノ最モ拙ナル者ト云ハザル可カラズ何トサレバ則チ國會議場ニ於テ多數ヲ得ント欲セバ種々各々ノ説ヲ懷抱スル人士ヲ混同スルニアラズンバ之ヲ得ルヿ能ハサレバナリ又各政黨ハ其主義ノ何タルヲ問ハズ唯時機ヲ察シテ最モ當時ニ適當シタル説ヲ取ラザレハ民衆ノ援助ヲ得ルヿ能ハザルナリ天下ノ狀勢此ノ如シ是レ「ホイッグ」黨ノ名漸ク湮滅シテ自由黨ナル廣漠ナル名稱漸ク行ハルヽニ至ル所以ナリ

自由黨

抑〻自由黨ナル名稱ノ始テ政治社會ニ入リ來リシハ當第十九世紀ノ始佛蘭西國立憲帝政黨ノ致ス所ナリ蓋シ此ノ名稱ハ最初ハ不人望ナル名稱ナリシ君主黨ハ民政制度及ヒ宗教宥容ノ傾向アリトテ該名稱ヲ擯斥セリ革命黨ハ又自由黨カ立君國教ヲ尊敬シテ人權ヲ意トセズトテ之ヲ擯斥セリ然レ𪜈自由黨ナル名稱ハ其意義甚廣濶ニシテ其聲聞モ亦甚甘美ナリシガ故遂ニ勝ヲ制スルニ至レリ目今ニ至テハ保守黨モ亦眞正ノ自由政略ヲ取ル者ナリト宣言シ自由黨ハ又全美無害ノ保守政略ヲ取ル者ナリト宣言スルニ至レリ

最近六十年間ノ政治上ノ變革ハ自由主義常ニ勝ヲ制シタリ自由主義ノ務トスル所ハ一方ニ於テハ君主及ヒ貴族ノ權力一方ニ於テハ人民公衆ノ權力此二者間ニ權衡ヲ維持スルニアリ而メ自由主義ガ如何シテ能ク此職務ヲ仕遂クルヤヲ知ラント欲セハ歐州各國ノ自由黨ガ大

概皆同一樣ニ稱道維持スル三大主義ヲ請究スルニ如ク者ナカルベシ
三大主義トハ何ソヤ
第一宗敎自由　往々壓制政略ヲ施スト雖ヒ目今英國ノ政府ハ自由主義ノ者ナリ而ソ當政府ハ愛蘭ニ於テ各宗皆同一ノ取扱ヲナセリ則チ新敎徒ガ國敎ヲ確立セントスルヲ防キ舊敎徒ガ新敎徒ヲ絶滅セントスルヲ妨グ佛國ニ於テモ亦自由黨ハ一方ニ於テハ尊宗徒ノ激動ヲ靜止シ一方ニ於テハ俗宗徒ノ暴行ヲ禁制ス
第二人民政府　自由主義ハ政權ヲ擴張シ始メニハ之ヲ中等社會ニ附與シ終ニハ之ヲ勞働社會ニ附與シタリ是ヲ以テ選擧投票ノ權ハ漸々勞働社會最モ勢力ヲ占ムルニ至レリ然レヒ自由黨カ之ヲ爲セシ所以ノ者ハ理論ヲ尊重シテ之ヲ爲シタルニアラズ自由黨ノ頭領輩ハ大概皆「選擧投票ノ權ハ天賦ノ權ナリ」トノ思想ハ之ヲ排斥セリ此輩ハ理論

的ノ同等ヲ主唱スル者ニアラズ實際ニ就テ便利有益ナル者ヲ採用スルナリ

第三自由貿易　英吉利、佛蘭西、獨逸ノ諸國ニテハ自由主義ト自由貿易主義ト相合一セリ威權主義ノ「トリー」黨ハ保護貿易ヲ主唱シ特許ヲ允シ保護金ヲ與ヘテ地主ノ利益ヲ謀ル威權主義ノ民政黨中亦同一誤謬ノ説ヲ取ル者アリ何トナレバ勞働社會ノ人民中外國ノ競爭ヲ排除スレハ能ク自己ノ給料ヲ高カラシムルヿヲ得ルト思考スル者アレバナリ是隣國ノ自由ヲ抑制シテ自己ノ利益ヲ謀ラントスル者ナリ佛蘭西國合衆國及ヒ英國植民地ニ於テハ勞働社會中其心中ニ保護主義ノ者多シ獨リ我カ英國ニ於テハ人民ノ保護説ヲ主唱スル者甚罕ナリ

過激黨

一千八百十九年當時ノ總理大臣リバープールが百方力ヲ盡シテ人民

ノ不平ヲ除去シ國會改革ノ騒擾ヲ停止セント企圖シタル時ニ方テ改革黨中「ホイッグ」ノ舊名ハ穏當ナリ用ユ可カラストテ自ラ過激改革黨ト稱シタリ爾後法律ナリ政府ナリ是等ノ者ノ大改革ヲ主唱スル者ハ皆過激黨ト稱セラルヽニ至レリ是ヨリ其後穏當ナル自由黨員中過激黨ニ編入セラレタル者亦少カラス

過激黨ハ之ヲ其員數ヨリ看來ルモ又其善良ナル志望及民衆ノ感情等ヨリ看來ルモ甚強大ナル政黨ト云ハサル可カラス然レ𪜈其主義ニ至テハ紛然混亂シテ確定セス該黨員中歐州大陸ニ行ハルヽ民政主義ノ稱道スル尊人説ヲ取ル者甚多シ此輩ノ説ニ曰ク人ハ天性善良ナリ故ニ之ヲシテ放任自由ナラシメハ自然善良ナル言行ヲ爲スヘシト過激黨ハ社會ノ害惡ハ悉皆之ヲ法律制度ノ不完全ナルニ歸ス蓋シ此ノ如キ論者ハ法律ヲ變更シテ尋常ノ人民ヲシテ其天性ニ放任シテ自由ニ

身ヲ處セシメタランニハ其結果ハ果シテ如何アルベキヤ之ヲ覺知セサルナリ論者ハ人民ニ無限ノ信憑ヲ置クベシト吾人ニ奬諭スル者ナリ然レ𪜈人民トハ何ソヤ吾人自ラノ謂ヒナリ論者ハ人民ノ意志ハ神聖ナル者ノ如ク思考セリ然レ𪜈人民ノ意志トハ單ニ多數者ノ意志ナルノミ豈神聖ナルノ理アランヤ

過激黨ハ常ニ吾人社會ノ制度組織ノ缺點ヲ發見指摘スルニ汲々タリ而シテ是レ其可ナル所ナリ然レ𪜈常ニ此ノ如キ目的ヲ抱ク者ハ大ニ意ヲ注シテ過激ニ失セス惡意ヲ挾マザルヿヲ力メサル可カラス此ノ如クナラサレハ吾人ノ批評ハ猜忌ニ流レ不平ニ陷ルノ恐アルナリ且「苟モ吾人カ無上ノ權力ヲ有スルニ至レハ吾人ハ直ニ能ク國家ヲ改良救治スルヿヲ得ベシ」トノ想像ハ過激黨ノ常ニ懷抱スル所ナリ然レ𪜈是大ナル誤謬ナルガ故ニ吾人ハ此ノ如キ誤謬ニ迷ハザランヿヲ注意

セザルベカラズ
過激黨員カ悉皆一致同意スル箇條二アリ第一今日現存スル社會ハ滿足ノ者ニアラズ富、權勢、智識ノ三者ハ皆少數者ノ手中ニ集合シ人類公衆ハ開明社會ノ人民ガ爲スベキカ如キ生活ヲナスヿ能ハス第二改良ノ主要ナル目的ハ人民政府ヲ發達スルニアリ吾人ハ政權ヲ擴張シテ一般人民ニ附與セザル可カラス富モ貧モ學モ無學モ悉皆之ヲ得ザル可カラス吾人ハ全國人民ヲシテ政事ニ參議セシメザル可カラズ而メ吾人ノ中主治者タラント欲スル者ハ被治者ノ判定力ニ訴ヘテ之ヲ爲サヾル可カラス是レ過激黨カ一致同意スル二條ナリ余輩今此二條ヲ點撿スルニ唯〻是ノミニ就テ之ヲ論スレバ完全無害ノ者ナリ然レ𪜈今若シ之ヲ實地ニ應用セント欲セハ吾人ハ架空ノ論高尙ノ理ハ之ヲ擯斥シ歷史上ノ事實ト人類ノ性質トヲ觀察シテ公平不偏ノ處置ヲ施サ

ヾル可カラス

政治上ノ群衆

英國政治上ノ理論ニ從ヘハ英國内ニハ常ニ純一同說ノ大政黨二アリテ一ハ政權ヲ掌握スル者ニシテ一ハ當政府ヲ轉覆シ更リ入テ政權ヲ掌握セントト企圖スル者ナリト然レモ此理論タル決シテ事實ト合同セス二大政黨ノ外ニ猶數多ノ小政黨即チ群衆アリ而メ是皆政治上ノ連衡ヲ作ルニ方テ最モ緊要ノ者ナリ如何ナル說ヲ持スル者ト雖モ如何ナル事業ヲ企圖セントト欲スル者ト雖モ選擧ノ行ハルヽ時ニ方テ是等小群衆ノ援助ヲ得ントト欲セバ決シテ難事ニアラズ又候補者ハ常ニ是等群衆ノ特ニ目的トスル所ニ對シテ同意認承ノ意ヲ多少表示セザル可カラザルノ勢アルベシ是等群衆ハ各其目的トスル所ヲ過大ニ主唱シ以テ其勢力ヲ增大セントト欲スルナリ選擧人ノ意中ニ曰ク甲某ハ善

良ナル政治家ナリ乙某ハ善良ナラザル政治家ナリ然レ𪜈甲某ニシテ余輩ノ目的トスル所ヲ承認セザレバ余輩ハ乙某ヲ選擧スベシト今如シ選擧人ノ大多數者ガ皆此ノ如キ擧動ヲ爲シタランニハ人民政府ハ到底成立シ能ハザルニ至ルベキヤ論ヲ俟タザルナリ

政黨政府ノ利害

一大社會ヲ組成スル人民ガ悉皆同一利害ヲ有シ同一論說ヲ持スルヿハ決シテアラザルナリ政黨結社ハ一部人民ヲ連合スルガ故ニ社會ヲシテ分離散亂スルヿヲ免レシムルナリ即チ政黨結社ハ社會ノ問題ニ關スル種々各々ノ論說利害ヲ若干ノ中心點ニ集合セシメ之ヲ措置スルヿヲ容易ナラシム政黨結社ヲナサズト雖𪜈吾人ハ力ヲ協シテ社會ノ幸福ヲ增進スルヿ能ハザルニアラザルベシ然レ𪜈事實此ノ如キヿハ後來復タ有ルベシトハ思考セラレザルナリ何トナレバ爾若シ政黨政

府ノ非ナルコヲ主唱セントセハ宜ク之ヲ主唱スヘシ然レ𪜈爾若シ爾ノ主唱ヲシテ有効ナラシメントセハ爾モ亦新政黨ヲ作リテ爾ノ說ヲ維持セザル可カラズ然ラザレハ爾ノ說ハ無効ナルベシ是獨リ政治上ニ於テノミ然ルニアラズ宗敎上ノ結社連合ノ非ナルコヲ主唱セントセハ更ニ同說ノ者相集ツテ結社連合セザレバ其目的ヲ達スルコ能ハザルナリ

然リト雖𪜈政黨ナル者ハ必要ハ則チ必要ナリト雖𪜈其弊害モ亦尠少ニアラズ請フ其主要ナル弊害ヲ論セン政黨ハ吾人ヲシテ吾人カ國家ニ對シテ盡スベキ忠誠ノ心ヲ以テ反テ之ヲ政黨ニ對シテ盡サヾルベカラザルニ至ラシムルナリ政黨ハ吾人ヲシテ吾人カ眞ニ思考スル通リヲ吐露セシメズ又吾人カ正道ナリト思考スル所ヲ行ハシメザルナリ政黨アルカ爲ニ言論ノ自由モ完然其功益ヲ奏スルコ能ハズ博識能

辨ノ演說者モ其胸中ニ蘊蓄スル所ヲ擧テ精確ニ吾人ニ告知スルヿ能ハズ其政黨ヲ損害スルノ虞アル者ハ輕々ニ論過セサル可カラス又政黨ノ信憑ヲ增進スルニ足ル者ハ特ニ布延擴張シテ之ヲ論セザル可カラス且ツ政黨ハ政治社會ヨリ謙讓禮節ノ跡ヲ絕タシムルノ傾向アリ吾人ハ常ニ吾人自ラヲ稱譽セザル可カラズ又吾人ノ頭領、吾人ノ主義、吾人ノ國家ニ致セシ効勞ヲ稱道セザル可カラズ吾人ハ吾人ニ反對スル政黨ヲ誹謗セザル可カラズ曰ク彼ハ才略ナシ曰ク彼ハ愛國心ナシト吾人ガ政權ヲ掌握スル時ハ反對黨ハ眞ノ政黨ニアラス徒黨ナリト誹謗シ吾人ガ政府以外ニ立ツ時ハ政府黨ハ官權黨ナリ諂諛黨ナリト誹謗ス蓋シ政治家中是等ノ語句ヲ使用スルニ毫モ其意義ニ拘ハラズ單ニ輕侮嘲笑ノ語句トメ之ヲ使用スル者アリ然レ𪜈政黨々員中最モ危險ナル輩ハ其吐露スル所ヲ眞誠ニ確信スル輩ナリ其政黨ノ取ル所

ハ純粋公正ノ主義ナリト確信スル輩是ナリ
政黨政府ノ弊害ヲ救治スルニハ唯一策アルノミ即チ公平不偏ノ心ヲ涵養スル丁是ナリ吾人ハ吾人ノ最モ貴重スベキ點ハ吾人ガ各互ニ異説ヲ唱フルノ點ニ存在セズシテ反テ善良ナル國士ガ皆同意一致スルノ點ニ存在スル丁ヲ學ハザル可カラス吾人ハ同一公正ナル同一學識アル二人ノ者ガ同一事物ニ關シテ完然違反シタル説ヲ立ルヿアル者ナルヿヲ了知セザル可カラズ其レ然リ故ニ吾人ハ吾人カ會〻健全ナル説ヲ持シタレバトテ吾人自ラヲ稱譽スベカラズ吾人ノ隣人ガ會〻誤謬ノ説ヲ有シタレバトテ漫然之ヲ輕侮スベカラザルナリ

第十章　生産及貿易

夫レ社會ノ人民ヲシテ充分ノ食料ヲ供給セシムルヿハ社會ガ生存スル所以ノ目的中第一ニ位スル者ナリ抑〻開明進歩ノ社會ニ於テスラ吾

人ガ事業ヲナス所以ノ者ハ多クハ皆必要ニ發スルナリ即チ之アラズ
ンバ人類ガ生存シ能ハザル所ノ富ヲ得ンガ爲ニ事業ヲナスナリ故ニ
吾人若シ社會ノ事實眞理ヲ講究セント欲セハ吾人ハ特ニ理財學ノ要
領ヲ知ラザル可カラス抑〻理財學トハ富ニ關スル事實ヲ論述スル學ナ
リ然レ𪜈此學タル特ニ困難ナル學ナルカ故ニ余輩今先ツ其困難ナル
所以ヲ論セン

第一　理財學カ講究スル事實ハ甚煩雜ナル事實ナリ蓋シ開明社會ノ
產業商業ハ無量ノ事實混同シテ成ル者ニシテ一々其意義ヲ了解シ其
關係ヲ明知スルハ吾人カ殆ント之ヲナシ能ハザル所ナリ

第二　理財學カ講究スル事實ハ各人皆既ニ已ニ了解スト思考スル事
實ナリ夫ノ資本ナリ價値ナリ是等ノ事實ハ尋常實際ニ通シタル人ハ
皆既ニ已ニ之ヲ了解スト思考スルナリ故ニ之ニ關シテ講修ノ勞ヲ取

ルヿヲ欲セズ而ソ其實地如何ヲ觀レハ是等ノ事實ニ關シテ毫モ精核ナル思想ヲ有セザルナリ

第三　理財學ノ講究スル事實ハ吾人カ直接ニ物質上ノ利害ヲ感スル事實ナリ抑〻吾人カ生活スル所以ノ者ハ財產ト勤勞トノ力ニ由ルナリ故ニ是等ノ財產勤勞ニ關シテ學理的ノ講究ヲナシ公明正大ナル理論ヲ立ツルハ實ニ困難ノ業ト云ハザル可カラズ

第四　理財學ノ講究スル問題ハ又正ニ道德學法律學ノ講究スル問題ナリ理財學者ハ吾人々類ノ財產ニ關スル義務ハ如何又是等ノ義務ハ如何バカリ法律ヲ以テ强行ゼシメザルベカラザルヤ等ノ問題ヲ不斷講究セザル可カラザルナリ

余輩ハ既ニ理財學ノ困難ナル所以ヲ陳述シタリ余輩ハ以下理財學上常ニ使用スル語句ノ中尤モ切要ナル者ヲ擧テ之ガ定義ヲ下サントス

何トナレハ理財學上ノ理論ヲナサントスルニハ精核ノ上ニモ精核ナルコ必要ナレバ定義ヲ下サヾル字句ヲ使用スレハ粗漏誤謬ノ見解ヲ下スコアランコヲ恐ルレバナリ

有用

夫レ人ハ自己ノ欲乏ヲ滿足セシムルニ足ル所ノ自然ノ物自然ノ力ヲ利用シテ以テ生活スルナリ而メ人類ノ欲乏ヲ滿足セシムルニ足ル所ノ物ヲ稱シテ有用物ト云ヒ又有用ヲ持スル物トモ云フナリ

理財學ハ吾人ヲシテ有用ニ關スル精核ナル標準ヲ知ラシムルコヲ力メズ即チ眞ニ欲ク可カラザル所以ノ者則チ眞ニ有用ナル者ト吾人ニ欲ク可カラザル者ニハアラザレヒ唯之ヲ稱シテ所謂有用トスル者トヲ精核ニ區別スルコヲ力メズ今若シ吾人々類ノ快樂苦痛ガ標準ヲ立テヽ判別シ得ベキ者ナラハ理財學上ノ理論モ一層精核ナルコヲ得ヘ

シ然レモ快樂苦痛ハ人々其感動ヲ異ニスル者ニテ一定ノ標準ヲ以テ之ヲ判別シ得ベキ者ニアラス甲某ニ於テハ忍耐シ能ハサル程ノ缺乏モ乙某ニ於テハ毫モ之ヲ感セザルヿアリ

衆人皆生存セント欲ス生活ノ愉快ヲ享受センヿヲ欲ス只此一則ハ動カスベカラザル所ニシテ時ニ或ハ此則ニ充ラサル者ナシト云フベカラズト雖モ是絶无僅有ノ場合ナレバ別ニ之ヲ論及スルヲ要セズ

天賦薄弱ノ人ハ自己ノ慣得シタル幸福ノ度ヲ以テ滿足セリ然レモ天賦强剛ナル人ハ則チ然ラス既ニ隴ヲ得レハ又蜀ヲ望ミ其厭飫スル所ヲ知ラス唯其レ之ヲ制限スル者ハ自己ノ道義アルヿ是ノミ

富

有用物中自已之ヲ享用スレハ他之ヲ享用スルヿ能ハサル者アリ空氣日光等ニハ所有權存在セス然レモ土地金錢物品等ニハ所有權存在ス

自由國ニテハ各人皆自己ノ身體言行ニ關シテ所有權ヲ有セリ苟モ自己ノ所有ニ屬スル者ハ之ヲ使用シ之ヲ贈與シ之ヲ以テ交易スルヿヲ得ルナリ

富トハ一個人或ハ一社會カ有スル財産即チ交易シ得ベキ物品ノ總計ヲ云フナリ

生産及消費

一物ノ形體或ハ位置ヲ變シ之ヲシテ有用ナラシムル之ヲ生産ト云フ即チ富ヲ生産シタリト云フナリ例之ハ石ヲ積ンテ塀トナシ或ハ麻ノ皮ヲ剝キ其柔カナル部分ヲ删去シ之ヲ緒トナス如キ是ナリ

盛大ニ生産ヲ爲サント欲セハ吾人ハ次ノ二者ヲ要スルナリ第一巨大ノ力ナリ第二右ノ力ヲ指揮シテ欲スル所ノ結果ヲ生セシムルノ熟錬ナリ力ハ吾人ノ腕力ヨリ生スル者アリ蒸汽、水等ノ如キ天然ノ力ニシテ吾人ガ之ヲ支配スル者アリ熟錬ニハ種々ノ度アリ勞働者手腕ノ熟錬ヨリ發明者及事業ノ棟梁等ノ熟錬ニ至ル迄大小深淺一ナラズ有用物カ其有用ヲ亡失スル之ヲ富ヲ消費スルト云フ麵包ヲ喰ヘハ富ヲ消費スルナリ家屋カ瓦解スレハ富カ消費セシナリ消費ニ二樣アリ即チ使用ト濫費ナリ富ヲ使用スルトハ之ヲ以テ或ハ人生ヲ維持シ或ハ人生ヲ高尙ニシ或ハ又生産貿易等ノ事業ヲ進捗セシメタル時ヲ云フナリ富ヲ濫費スルトハ或ハ單ニ濫行ニ發スル者アリ汚渫ヲ河水ニ投スルカ如シ或ハ贅澤ヨリ發スル者アリ贅澤トハ之ヲ享受スル者ヲ高尙ナラシメズシテ反デ之ヲ衰弱セシメ之ヲ卑陋ナラシムルガ如キ快樂ヲ云フナリ

貿易

人ハ他人ト力ヲ合サズンバ物質上ノ幸福ヲ享受スルヿ能ハス合力ガ

勤勞ノ効果ヲ增進スル所以ノ理由二アリ第一ハ單ニ力ヲ增加スルヿヲ得ルヲ以テナリ即チ一人ニシテ動カシ能ハザル樹木ヲ六人合力スレバ之ヲ運搬スルヿヲ得ルカ如シ第二ハ分勞ヲナシ及生產ト勤勞トノ交易ヲナスヿヲ得ルヲ以テナリ

貿易ニ二種ノ單一ナル方法アリ第一甲某ハ乙某ヨリモ漁業ニ長シ乙某ハ甲某ヨリモ庭作リヲ長ゼリトセンカ此ノ如キ塲合ニ於テ甲乙互ニ其長スル所ノ業ニ從事スルノ利ナルヿハ明々白々タル所ナリ第二今甲某ハ乙某ヨリ漁業ニモ長シ庭作リニモ長セリトセンカ此ノ如キ塲合ニ於テ猶《ホ》甲乙各二業ニ從事セズシテ甲乙各一業ヲ分テ之ニ從事スルコソ便利ナレ

貿易ノ行ハルヽ方法種々アリ強迫ノ方法アリ即チ甲某カ乙某ヲ奴隸トシ甲某カ可ナリト思考スルダケノ養料ヲ乙某ニ附與シ之ニ報スル

ガ爲ニ乙某ヲシテ甲某ノ欲スルダケノ勤勞ヲナサシムル時ノ如シ習慣ノ方法アリ即チ印度人村落ノ匠工カ農夫ヨリ穀物ノ若干額ヲ受領シ之ニ報スルカ爲ニ農夫ノ要スル時ハ農夫ノ爲ニ勤勞スベシトノ約束アル時ノ如シ契約ノ方法アリ即チ兩人市場ニ會シ各自其產物或ハ勤勞ノ爲ニ最高價値ヲ受領スル時ノ如シ

產物或ハ勤勞ヲ直接ニ交換スルヲ無介交易ト云フ無介交易ハ數多ノ不便利アリ是ヲ以テ吾人ハ特ニ分量シ易ク運轉シ易キ物品ヲ撰ミ該物品ヲシテ諸物品ノ價額ヲ代表セシメ以テ交易ノ便ニ供セシム此ノ如キ代表物品ヲ金錢或ハ貨幣ト稱ス

社會ノ信用厚ク契約堅ク履行セラルヽ諸國ニテハ手形證書等ノ書類ヲ以テ物品或ハ勤勞ヲ代表セシメ以テ交易ヲ便利ナラシムルコヲ得ルナリ即船中或ハ倉庫內ノ物品ヲ保証スル書類アリ數千里外ニ航行

スル船中ニテ勤勞セン丆ヲ保證スル書類アリ銀行倉庫中ニ貯蓄スル貨幣ヲ代表スル銀行劵アリ

資本

未開野蠻ノ社會ニテハ人ハ唯〻日常必要ノ物品ノミヲ生産ス若シ餘計ノ物ヲ生産スルモ其剩餘ハ之ヲ無用ノ事ニ冗費スルヲ常トス然レ𪜈開明進步ノ人ハ剩餘ヲ貯蓄シ怜悧ニ之ヲ使用ス或ハ學問考察ノ爲ニ餘時ヲ得ンカ爲ニ之ヲ使用スル者アラン或ハ其機械ヲ改良シ或ハ直接ノ報酬ヲ得サルカ如キ業務ニ從事シ以テ生産ヲ助ケンカ爲ニ之ヲ使用スル者アラン

吾人ハ又他人ノ勞力ヲ支配スル丆ヲ得ンカ爲ニ其富財ヲ使用スル丆ヲ得ルナリ今甲某ハ二人ヲ養フニ足ルノ食料ヲ有シ乙某ハ毫モ食料ヲ有セズトセンカ此ノ如キ塲合ニ方テ甲某ハ乙ヲ使役シテ一物ヲ作

ラシメ其物成ルニ及テ之ヲ甲ノ所有ニ歸セシムルヿヲ得ベシ是レ乙ニ於テハ甚タ苦キ約束ノ如クナレ𪜈十分公正ナル約束ナリ或ハ乙某ハ「我之ヲ作レリ故ニ此物品ハ我ニ屬スベシ」ト言フトセンカ此ノ如キ請求ニ對スル答辭ハ即チ次ノ如クナルベシ是乙某ハ物品ヲ作リタルニアラス甲某カ乙ヲ使役シテ之ヲ作ラシメタルナリ若シ甲某カ之ヲ企圖セサリシナラハ乙某ハ決ソ之ヲ作ルノ機會ヲ得サリシナラン」ト

生產ヲ助クルカ爲ニ使用セラルヽ富ヲ資本ト稱ス開明社會ニハ動產不動產ノ別アリ建物機械道路等生產及ヒ貿易ヲ爲サンカ爲ニ使用セラルヽ者之ヲ不動產ト云フ食物薪炭金錢等生產及ヒ貿易ヲ爲サンカ爲ニ消費セラルヽ者ヲ動產ト云フナリ

人若シ自己ノ使用シ能ハサル資本ヲ有スレハ之ヲ他人ニ貸與シテ他人ヲシテ之ヲ使用セシムルヿヲ得ヘシ此ノ如ク貸與シタル資本ハ借

用人カ之ヲ借用シテ得タル利益ノ幾分ト共ニ他日又貸與人ノ掌中ニ歸リ來ルヿヲ豫期スルナリ貸與人カ受領スル報酬利益即チ利息ノ割合ハ二個ノ理由ヲ思考シテ之ヲ定ムルナリ第一貸與人カ自身ニ之ヲ使用セスシテ借用人ニ使用セシメタル所以ノ理由第二資本ヲ他人ノ掌中ニ委任スルヿノ危險ノ理由是ナリ他人ヲシテ自己ニ資本ヲ貸與センヿヲ思ハシムル所以ノ信任之ヲ信用ト云フ

開明諸國ニ於テハ各人皆多少ノ資本及信用ヲ有ス英國ノ勞働者ハ或ハ銀行ニ於テ或ハ自己ノ懷中ニ於テ多少ノ貨幣ヲ有シ又其人ノ知ラレタル所ニテハ多少ノ信用ヲモ有ス故ニ英國ノ勞働者ハ自己ニ適當シタル業務ヲ求ムルカ爲ニ長キ時間ヲ費スヲ要セズ自己給料ヲ得サル前ニ一日間乃至一週間ノ業務ヲ爲シ得ヘシ

元價、價値、及利益

物品ノ元價トハ之ヲ得ルニ必要ナル損失ノ總計ヲ云フ故ニ購買者ニ於ケル元價ハ之ヲ購賣スル爲ニ拂フタル價額ノ謂ヒナリ使役者ニ於ル勤勞ノ元價ハ其拂フタル給料ノ額ヲ以テ之ヲ量ルベシ勞働者ニ於ル勤勞ノ元價ハ自己勞働ノ苦勞ト時間トヲ以テ之ヲ量ルベシ

物品ノ價値トハ其他物ト交換シ得ル割合ノ謂ヒナリ例之ハ茶一斤ノ價値ハ砂糖若干斤ノ價値ニ當ルト言テ以テ之ヲ表示シ得ベシ然レ𪜈諸物品ノ價値ヲ同一標準ヲ以テ計量スルノ最モ便利ナルハ論ヲ俟タサルナリ物品ノ價値ヲ貨幣ニテ計量シタル者之ヲ該物品ノ市價ト云フ

賣却者ニ於テ物品ノ市價其元價ヨリ廉ナルトキハ之ヲ市場ニ搬出シタル者ハ損亡ヲナシタルナリ又各物品皆之ヲ賣却スル時ハ之カ爲ニ費シタルダケノ資本ヲ取リ返シ得ル者トス且所有者ヲシテ之ヲ製造シ

又之ヲ購買者ノ手中ニ置カシメタル所以ノ功勞ヲ償フニ足ルダケノ報酬ヲ受領セシメ得ル者トス今製産者カ自己製産シタル物品ヲ賣却シ以テ之カ爲ニ消費シタル資本ト右資本ヲ借用シタル利息ト損亡ニ對スル保險金ト及自己該物品製産事業ヲ監督シタル報酬トノ四者ヲ受領シタルトキハ理財學者ハ右製産者ハ利益アル賣却ヲナシタリト云フナリ製産者中或ハ謂フ者アラン我カ所謂利益ナル者ハ理財學者ノ所謂利益ナル者トハ異ナリ理財學者ノ謂フ所ノ利益ノ上ニモ猶ホ多少ノ市價ヲ加ヘズンバ眞ノ利益ト謂フ可カラスト夫レ其元價ト功勞トニ報ユルニ足ルヨリハ猶ホ多クノ利益ヲ得ント欲スルハ人ノ常情ナリ然レトモ是自然ノ狀態ニ違反シタル慾心ナリ「抑〻其價値其元價ニ超過スルガ如キヿアルニアラスンハ物品上右ノ如キ利益ヲ得ルヿ能ハス」トハ事業家及學者カ共ニ倶ニ同一ニ思考スル所ナリ

第十一章　競爭、專賣、地租

創造ノ社會ニ於テハ同一社會ノ人民中競爭ナル者ハ殆ンド存在セズ各人皆其分ヲ守ルガ故ニ其分ヲ超過シ其情態ヲ改進セント欲セバ鄕黨ニ超絕シタル精勤ト熟錬トヲ有セザル可カラズ

開明社會ニ於テハ競爭ノ波及セザル事業ハ一モアラザルナリ而メ就中競爭ノ甚キハ産業商業ナリトス各人競フテ其隣人ニ勝ラント力ム而メ能ク之ニ勝チタル者ハ大ナル報酬ヲ得ルナリ競爭ニ二種アリ吾人之ヲ區別セザル可カラズ

第一　各人皆自已ノ資本及勤勞ヲ最モ利益多キ見込アル營業ニ用ヒンヿヲ競爭ス故ニ其事ノ何タルヲ問ハズ苟モ非常ノ報酬ヲ得ラルベキ業アラバ輒チ其事業ニ從事セント欲スル人及資本ハ常ニ多少存在スル者ナリ不動産ヲ有スル人及特殊ノ業ニ熟錬ナル者ハ俄然其業ヲ

變更シ能ハザルヿハ勿論ナリ然レ𪜈新シキ資本及新シキ勤勞ハ最モ利潤アル方ニ流轉スルハ自然ノ數ト云ハザル可カラズ此ノ如キ競爭ノ結果ハ種々各々ノ營業ニ於テ其利益ヲ平等ナラシムルノ傾向アリ」

第二　同業中ニテハ各人互ニ低廉ノ市價ニテ賣却セント競爭ス此競爭アルガ爲ニ生産者ハ其産物ヲ高價ニ賣リ以テ非常ノ利益ヲ得ント欲スル者ナシ若シ此ノ如クスル時ハ其華主ヲ失ハンヿヲ恐ルレバナリ故ニ物品ノ價値ハ常ニ殆ント元價ノ位置ヨリ高大ナラズ社會ノ全體ヨリ看レバ是大ナル利益ト云フベシ何ソヤ開明社會ニテハ各人唯々一種ノ物ヲ生産シ或ハ一種ノ勞働ヲナシ而ソ能ク數多ノ物品ヲ消費シ得ルナリ故ニ物品廉價ナルガ爲ニ各人ガ生産者タル點ヨリ損失スル所少フシテ消費者タル點ニテ利ヲ得ルヿ多シ是物品廉價ノ利益アル所以ナリ抑々物品ノ生産セラルヽ所以ノ者ハ之ヲ消費センガ爲ナリ

故ニ吾人カ第一ニ思考スベキハ消費者ノ狀況ナリ生產者ノ如キモ其消費者ニ關係スル點ノミヲ思考スレバ可ナリ
若シ其レ競爭行ハレザリセハ開明ノ諸國ハ今日ノ如ク富實ナル〻能ハザリシナランヿ巨大ノ富ヲ致サントヿ欲セバ吾人ハ刻苦勞働セザル可カラス然リ而メ吾人ヲシテ能ク勞働セシムル所以ノ者ハ何ソヤ余輩唯〻二個ノ理由ノ存在スルヲ見ルナリ即チ利益ヲ期待スルノ念ト損失ヲ憂愼スルノ念ト是ナリ然ルニ競爭ハ怜悧强壯ナル者ヲシテ大利ヲ占メシメ怠惰暗愚ナル者ヲシテ全然敗滅セン〻ヲ憂愼セシム是豈有益ノ事ナラズヤ夫ノダルウインハ優勝劣敗ノ理ヲ解テ競爭ハ自然ノ運行ナル〻ヲ吾人ニ指示シタリ
然リ然リト雖モ吾人ハ競爭モ亦弊害アル者タル〻ヲ知ラザル可カラザルナリ競爭ハ强者ノ擅橫ヲ長ゼシメ弱者ノ困難ヲ大ナラシム競爭

ハ衆多人民ヲシテ閑暇ノ時ナク全力ヲ盡シテ生存競爭ニ汲々タラシム然レハ則チ論者中或ハ社會ノ狀態ヲ改造シ吾人ヲシテ競爭ノ抑制ヲ免レシメントト稱道スル者アルハ毫モ異ムニ足ラザルナリ然リ而シテ社會改造ニ二ノ方法アリ第一ハ社會ヲ開進スルニアリ即チ吾人ガ精勤ノ德義大ニ增進シ設ヒ競爭ノ抑制スル所トナラザルモ吾人ハ精勵勤勞シテ毫モ怠ラズト云フニ至ルコ是ナリ第二ハ創造太古ノ社會ニ退歩スルニアリ即チ吾人ハ共同公有ノ權利ヲ恢復シ萬事自己ニ依賴セズシテ諸事之ヲ社會公同ニ依賴スルコ是ナリ社會改良論者ガ競爭ノ抑制ヲ減殺スルノ策ヲ主唱スルコアラバ吾人ハ意ヲ用井テ之ヲ點撿セザル可カラズ苟モ該策ニシテ强者ノ擅橫ヲ制止スルニアラズシテ反テ弱者ノ私利ヲ逞長セシメントスルニアラバ是亦甚タ危險ノ方案ト云ハザル可カラズ

需用供給

物品ト勤勞トヲ自由ニ交易スル處之ヲ市場ト稱ス即チロンドン砂糖市場亞米利加勞力市場等是ナリ

一市場ニ於ケル商品ノ供給ヲ算知セント欲セバ吾人ハ數多ノ事情ヲ考察セザル可カラス第一賣却センガ爲ニ提供セラレタル商品ノ總額第二提供保持ノ度合ヒ即チ之ヲ詳言スレバ賣却者ガ之ヨリ低廉ニハ賣却セズ之ヨリ低廉ニ賣却スルヨリハ寧ロ好機會ノ來ルヲ待タントト決スル其最モ低廉ノ市價是ナリ第三必要ノ場合ニハ供給ヲ增加シ得ルノ便利是ナリ吾人ハ以上三者ヲ考察セザル可カラズ自己ト競爭シテ他人ガ又同一物品ヲ同一市場ニ提出シ得ルトノ事ヲ了知シタランニハ賣却者ハ非常ノ高價ヲ要求シ能ハザルナリ

物品ノ需用ヲ算知スルニ方テモ吾人ハ右ニ陳述シタル事實ヲ裡邊ヨ

リ考察セザル可カラズ吾人ハ講求者ノ必要ハ如何バカリニシテ之ヲ得ルカ爲ニ如何バカリ之ヲ支出スベキヤヲ考察セザル可カラズ如何バカリ以上ノ高價ナラバ購求セズシテ止ムベキヤ又同一市場ニ於テ他ノ購求者ヲ招キ引クノ機會ハ如何バカリアルベキヤ是等ハ皆考察セサル可カラザル事實ナリ夫レ需用ハ欲望トハ異ナリ貧人ハ鴨ノ羹ヲ欲望スベシ然レヒ之ヲ需用スルコハアラザルベシ蓋シ需用トハ購買力ノ加ハリタル欲望ナリ

需用供給トハ同一顯象ヲ二樣ニ觀察シタル者ナルノミ物品ノ市場ニ供給セラルヽヤ其之ヲ供給スル者ハ亦自己交易シテ他ノ物品ヲ需用セントスレバナリ而ソ物品ヲ需用スルノ人ハ自己ノ物品ヲ供給スルニアラズンバ自己ノ需用ヲシテ有効ナラシムルコ能ハザルナリ

專賣及投機

專賣トハ供給限リアル物品ヲ所有スル者ガ一般需用ニ對シテ享有スル權利ナリ大ナル金剛石或ハ美妙ナル唱歌ノ聲音等ノ如キ者ハ自然《が》供給ヲ制限シタル商品ニシテ書籍出版權、專賣免許ノ發明品等ハ法律カ供給ヲ制限シタル商品ナリ

專賣ニモ制限アリ、智慧アル購買者ハ他ヨリ該必要品ヲ供給スルノ道ヲ求ムルナリ又大唱歌者ガ非常ノ報酬ヲ請求セバ人々劣等ノ藝人ヲ聞テ滿足スルニ至ルベシ地主ガ非常ノ借地料ヲ請求セバ借人ハ或ハ去テ他ノ借地料低廉ナルノ國ニ之クベシ或ハ借地ヲ要セズシテ利益ヲ得ルベキ業ニ轉スベシ其レ此ノ如シ故ニ專賣ハ悠久繼續スル者ニアラズ又制限セラル丶所アル者ナリ然レモ苟モ專賣ノ存在スル限リハ之ヲ利用シテ大利益ヲ占得スル者アルナリ

投機トハ通常專賣風ノ利益ヲ獲得セントト欲スル企圖ニ起因スル人アリ

市場ニ於テ或物品ニ對スル新奇ノ需用ヲ創造セント欲シ資本ヲ投シテ該物品ヲ生産スルトセンカ今設シ期待セシ如ク新奇ノ需用果シテ創造セラルレバ一時該需用ニ對スル利益ハ其人ノ特有專權ナリ又人アリ他日必ス騰貴スベシトノ見込ヲ以テ大ニ土地物品等ヲ購求スルトセンカ是等ハ皆投機ノ例證ナリ余輩ハ投機ナル語ニ關スル定義ハ此ニ止ルヘシ猶ホ精確ナル定義ヲ下スヿヲ試ミザルヘシ理財學上投機ト正當商業トヲ整然區畫スルハ甚困難ナル事業ナリ

我カ英國ニテハ目下多少投機ノ行ハレザル商業ハアラズ競爭流行ノ世ナレバ安全ナル商業ノミ行ヒタランニハ些少ノ利益ヲ得ルノミナリ且國民ノ富益〻增進シ新奇ノ趣向新奇ノ快樂益〻發達スルニ至レバ巨大ノ利益ヲ獲得セント欲スルノ念益〻增長スルナリ

投機ハ社會ヲ富實ナラシムル者ニアラズ其最モ無害ナル場合ニテハ

數多人民ノ得ルベキ利益ヲ其中最モ巧慧ナル二三人ノ掌中ニ集聚セシムルニ過ギス又其最モ有害ナル場合ニテハ投機ハ賭博ナルノミ即チ二三ノ人ハ非常ノ利益ヲ獲得シ殘餘ノ者ハ大ニ損失ス投機ノ弊害ヲ言フハ則チ容易ナリ然レモ之カ救治策ヲ講スルハ容易ナラス試ニロンドン株式取引所ヲ看ヨ誰カ該所ニテ取引スル事業多分ハ單ニ投機ナルヿヲ知ラザル者アランヤ國會ハ其最モ著キ者ハ之ヲ禁止セント企圖シタリ然レモ遂ニ其目的ヲ果サヾリシ然リ而ソ國會ガ之ヲ禁止シ能ハザリシ所以ハ他ニアラズ抑〻株式取引所ハ諸公債證書及諸般ノ株券ヲ公然取引スル大市場ナリ我カ英國ノ如キ世界萬國トノ交通貿易繁多ナル國柄ニ於テハ人民カ自己ノ株券證書類ヲ自由ニ賣買シ得ル大市場アラザル可カラザルナリ然リ而ソ苟モ此ノ如キ市場ノアラン限リハ巧智大膽ノ輩カ其場ニ出入シ機ヲ觀變ヲ察シ

巨大ノ利益ヲ獲得セント試ルハ勢ノ免ルベカラザル所ナリ然レ圧今若シ是等ノ弊害ヲ除去セント欲シテ該所ノ内規組織ニ干渉スレバ該所ハ全ク廢滅ニ歸スルカ或ハ設ヒ存立スルモ該所ニ期スル所ノ便益ヲ吾人ニ附與シ能ハザルベシ是國會ガ該所ノ弊害ヲ禁止シ能ハザリシ所以ナリ

投機ヲ禁遏スルノ一方ハ惟〻吾人ノ智識ヲ增進シ德義ヲ發揚スルニアルノミ智識增進スレバ吾人ハ社會ノ必要ニ關シテ稍〻精核ナル計算ヲ立テ從テ生產及貿易上ニ改良ヲ加フベシ吾人ノ德義發揚スレバ生產者及商業者カ自己直接ノ利益ノミヲ思ハズシテ各社會ニ對スルノ義務如何ヲ考察スルニ至ルベシ

土地ノ所有權

余輩ノ所謂土地トハ獨リ其土壤ヲ云フニアラズ地中ニ含蓄スル礦物

垣塀建物肥料等或ハ地上ニ確立シタル資本或ハ地中ニ混同シタル資本等總テ是等ヲ合セテ土地ト稱スルナリ夫レ土地ノ價値ヲ定ムル元素三アリ第一地味礦物ノ善惡第二或ハ地上ニ確立サレタル或ハ地中ニ混同サレタル資本ノ總計第三位置ノ便利是ナリ大市塲ニ近隣セル土地ノ價値ハ開明ヲ隔離シタル土地ノ價値ヨリ大ニ貴シ南亞米利加州ニテハ甚タ豐穰ナル土地ナレ氏市價ヲ附シテ之ヲ賣却シ能ハザル者甚タ多シ

既ニ已ニ論述シタルガ如ク創始人民中ニテハ一個人ノ所有權及自由交易等ノ事ヲ了知セザルガ故ニ土地所有ノ權ハ皆種族社會ノ共同ニ屬セリ而シテ一ハ善良ナル農民カ自己勤勉ノ利益効果ヲ十分悠久ニ享受セント欲セシガ爲ニ一ハ叉封建ノ領主ガ其權力ヲ大ニ振張セント欲セシガ爲ニ是等ノ爲ニ共同土地所有ハ漸〻變シテ一個人ノ所有ト成

リ行キタル次第ハ余輩ガ既ニ已ニ論述シタル所ナリ一個人所有ノ權利已ニ確定スルニ至レバ土地モ亦商品ノ中ニ加ハルニ至ル即チ土地ガ其地ニ捿息スル人民ノ營業資本ノ一トナルト云フモ不可ナカルベシ然レ圧土地ハ啻ニ吾人ノ資本ナルノミナラズ又吾人ノ住所ナリ蓋シ新奇ノ國ニ移住シテ大利ヲ得ント試ルヨリハ穩當ニ住地ニ安息スルヿヲ欲スルハ人ノ常情ナリ夫レ此ノ如ク人ノ感情ヨリ土地ノ問題ヲ考察スルハ甚タ切要ナリ然レ圧吾人ハ吾人ノ感情ト理財學上ノ眞理トヲ混同スベカラザルナリ抑〻理財學上ヨリ看來レハ土地所有ノ權ト資本所有ノ權ト此二者間ニハ殆ント區別ヲ爲スベカラザルナリ此點ニ關シテ誤謬ノ說ヲ懷ク者甚タ多シ故ニ余輩今世ノ右二者間ニ區別ヲ爲ス者ノ理由ヲ列擧シテ以テ之ヲ畧論セントス

第一、論者曰ク資本ハ人ノ造ル所ナリ土地ハ天ノ造ル所ナリト余輩ハ則チ曰二者共ニ天及ヒ人ノ造ル所ナリト人ハ天ヨリ粗笨品ヲ取リ天然ノ力ヲ使役シテ自己ノ熟錬ヲ助ケシム是レ宅地耕地ヲ生スル所以ナリ又所謂資本ト稱スル物産ノ生スル所以ナリ

第二　論者曰ク土地ヲシテ吾人々類ノ共同ノ所有ニ歸セシメントスルハ天然即チ天帝ノ意ナリト之ヲ以テ天然ニ歸スルハ則チ非ナリ何トナレハ天然トハ今日現存ノ狀態ノ謂ヒナリ然レハ則チ共同所有モ天然ナリ一個人所有モ亦天然ナリ二者共ニ現ニ存立セリ又天帝ノ意志ヲ解釋スルハ吾人ノ權力內ニ存セザルナリ天帝ハ豈吾人ノ爲ニ土地ノ制度ヲ作ル者ナランヤ吾人ハ吾人カ惟ゝ正理公道ヲ行フヲコソ天帝ハ希望セラルレト思考セバ則チ可ナランノミ

第三　論者曰ク土地ハ總テノ產業ニ必要缺ク可ラザル者ナリ故ニ之ヲシテ一個人ノ有ニ歸セシメ專權ヲ弄セシム可カラズト此論タル豈

獨リ土他ノミニ應用セラルヽ者ナランヤ如何ナル財産ニモ皆應用シ得ラルヽ論ト云ハザル可カラズ試ニ一勞働人ニ二十町ノ田地ヲ附與シ毫モ他ノ資本ヲ附與セザランカ其餓死スベキヤ疑ナカルベシ苟モ土地アラズンバ産業ニ從事シ能ハズ故ニ土地ノ所有權ヲ請求スルノ權利アリトセバ他ノ資本ニ對シテモ亦同一請求ノ權利アリトセザル可カラザルナリ

第四　論者曰ク土地ハ其廣袤限リアリ他ノ富財ハ之ヲ生産シ得ルヿ無限ナリト此論タル全然誤謬ト云フベカラズ然レ𪜈猶《ホ》辨セザル可カラザル者アリ試ニ一國ノ人口ヲ取リ之ヲ其國ノ土地ニ比較シ又之ヲ其國ノ資本ニ比較セヨ人口ト土地トノ關係モ人口ト資本トノ關係モ二者常ニ同一ナルヿヲ見ン蓋シ資本ハ之ヲ増殖セント欲スレバ無限ニ増殖シ得ン然レ𪜈何年何月ト定マリタル時日ニ現存スル資本ハ無

限ナラズ但當時人民ノ必要ニ應スルダケノ額ニ止ルベシ然レバ則チ資本ノ所有モ亦是レ土地所有ノ如ク專有特權ニ屬スル者ト云ハザル可カラズ蓋シ之アラズンバ隣人ガ產業ヲナスコト能ハザルノ物ニ對シテ專有權ヲ有スル點ニ至リテハ資本家モ地主モ同一ニシテ毫モ異ナルコトナシ

第五　論者曰ク土地所有權ハ一個人ガ社會ノ事業ニ於テ毫モ手ヲ下スコトナクシテ非常ノ巨利ヲ占得スルコトヲ得セシムト社會ノ進步スルニ從フテ土地ノ價値ハ益々增進スベシ然レドモ此ノ如キ利益ヲ得ル者豈獨リ土地ノ所有者ニ限ランヤ他ノ財產所有者ニテモ同一利益ヲ得ル者尠少ナラズ例之バ株劵所有者ノ如シ蓋シ土地ヲ使用スルカ爲ニ土地所有者カ每年獲得スル歲入モ亦常ニ益々增進ス是レ獨リ土地所有者カ享有スル利益ナリ然レドモ土地カ私有トナリ得ルニ至リタレバ則チ

土地ハ既ニ已ニ商賣品中ニ加ハリタル者ナリ是レ吾人カ知ラザル可カラザル所ナリ而ソ土地所有者ノ多數ハ皆之ヲ購買シテ土地所有者トナリタル者タルカ或ハ之ヲ購買シタル者ヲ相續シタル者ナリ而ソ之ヲ購買スルニ方テハ非常ノ高價ヲ拂ヒタル者ナラザルハナシ英國ノ領地中最近五十年間ニ少クトモ一回ハ賣買ノ取引ヲ受ケザル者ハアラザルベシ而ソ新ニ之ヲ購賣シタル者ハ二十五年乃至四十年間該地ノ所得ヲ計算シ饑饉不熟ノ年ヲ考ヘ又土地價額ノ增進スルヿヲ考ヘ以テ之ヲ購買シタルナリ

之ヲ要スルニ理財學上ヨリ看來レハ土地所有ノ權ト他財產所有ノ權トヲ區別スルノ理由ハ毫モ之ヲ見ルヿ能ハザルナリ總シテ財產ヲ一個人ノ所有ニ歸スルヿノ利害得失ニ至リテハ余輩之ヲ次章ニ於テ論セントス

借地料

世俗ニ稱スル借地料トハ他人ニ屬スル土地或ハ不動產ヲ使用シテ之ニ報スル爲ニ拂ヒ渡ス借料ヲ云フ此借料ノ額ハ種々ノ方法ニテ定メラルヽナリ習慣ニ由テ定ル者アリ例之ハ地主ガ借地料ヲ定ル時ニ方リ從來借地人ハ此ノ如キ割合ニテ納メ來リタレバ此ノ如キ割合ニテ借地料ヲ納ムベシト云フ時ノ如シ法律ニ由テ定ル者アリ例之ハ特別ノ法庭ヲ設立シ地主ガ制限以外ノ借地料ヲ貪取セザルヤ否ヲ點撿スル時ノ如シ競爭ニ由テ定ル者アリ例之ハ地主カ之ヲ他ノ者ニ貸與スルモ是程ノ借地料ハ取リ立テ得ベシト計算シテ借地人ノ方ヨリ借地料ノ額ヲ申シ出ル時ノ如シ借地料カ習慣ニ由テ定ル所ハ土地ヲ一個人ノ私有ニ歸セシムルノ制度ガ未タ十分ニ發達確定セザルノ地ナリ例之ハ愛蘭ニ於テハ地主ハ土地ノ所有者ト思考セラレズシテ土地ニ

棲息スル人民ヨリ貢税ヲ集聚スル人ノ如ク思考セラルヽナリ此貢税ノ額ハ地主ノ富及其仁愛ノ心ト借地人ノ貧富等其他種々ノ原因ニ由テ變動シ一定スル所ナシ又借地料カ競爭ニ由テ定メラルヽ所ハ所有ノ權利明々白々ニ定リ制度確立シタル所ナリ例之ハ蘇格蘭及新英吉利ニ於テハ土地貸借賣買等ノ取引ハ穀類貸借賣買ノ取引ト毫モ異ナルヿナシ故ニ商賣的ノ規律ハ善惡共ニ行ハルヽナリロンドン市中ノ裏街ニ於テハ甚粗惡ナル家屋ヲ借リタル者ガ高キ借料ヲ拂フナリ此ノ如キ差異ノ生スル所以ハ土地ノ所有ト他ノ財產ノ所有トニ差異アルガ故ニアラズ人民ガ非常ノ貧窶ナルニ由ルナリ貧窶ナル人民ハ如何ナル取引ヲナスニモ常ニ損失ヲ蒙ルナリ粗惡ナル家屋ヲ高キ借料ニテ借ルノ人民ハ則チ又粗惡ナル麵包及茶ヲ高キ市價ニテ購買スル人民ナリ

第十二章　富ノ分配

秩序善良ナル社會ニテハ富ハ十分ニ生産セラレザル可カラズ而メ其富ハ人民擧テ稍〻平等ナル幸福ヲ享受シ得ルガ如クニ分配セラレザル可カラス苟モ能ク勤勞シ得ル人ハ皆勤勞セザル可カラス而メ過度ノ勤勞ヲ爲ス者ハ一人モアル可カラス正直ナル勤勞者ハ生活シ足ルダケノ物ヲ所有セザル可カラス又非常ニ富貴ナル者アル可カラス是之ヲ秩序善良ナル社會ト云フナリ然レ𪜈吾人現今ノ社會ハ此ノ如キ社會ヲ距ルヿ甚遠シ吾人ハ莫大ノ富ヲ生産ス然レ𪜈猶《ホ》吾人ハ常ニ貧窶ノ爲ニ又贅澤ノ爲ニ生出セラレタル害惡ヲ愁訴スルノ聲絶ヘザルヿヲ知ル余輩今事物ノ此ノ如キ現狀ハ果シテ何ニ起因スルヤヲ論述セントスルニ方リテ余輩ハ先ツ純粹正當ナル理財學ノ原理ヲ略陳セントス

人口ノ法則

夫レ人ハ動物ナリ而シテ他動物ノ如ク人モ亦生育保存ノ道ヲ得ル能ハザルニ至ル迄增殖スルノ傾向アリ然レ𪜈他ノ動物ト異ニシテ人ハ遠慮ト克己トニ由テ此傾向ヲ免ル丶コヲ得ルナリ遠慮ト克己トハ何ゾヤ之ヲ生育保存スルニ足ルノ準備アルニアラザレハ結婚セズ又子女ヲ設ケザルノ謂ヒナリ然𪜈不幸ニシテ遠慮ト克己トハ未ダ人類一般ノ間ニ行ハレス就中貧窶ニ迫リタル人民ハ結婚ト生子トニ於テ特ニ無謀ナリトス是蓋シ如何ナル富有國ニテモ貧困者ノ數非常ニ多キ所以ナリ

以上陳述シタル所ハ彼ノ有名ナルマルサス人口論ノ大要ナリ該論タル甚單一、甚明白ナル者ナリ故ニ之ニ對シテ駁擊ヲ試ミント欲セハ直ニ誤謬ニ陷ラザル可カラザルナリ而シテ賢明ナル學者ニシテ往々此ノ如キ誤謬ニ陷ル者アルハ豈異ムベキノ至ナラズヤ論者或ハマルサスノ論ヲ誤解シテ曰クマルサスハ人口ハ生存シ能ハザルニ至ル程常ニ增殖セザル可カラズト說キタリト然レモ人類ニ於テハ此點ニ關シテ增殖セザル可カラザルノ理由アルヿナシ結婚ナル者ハ之ヲ爲スモ又之ヲ爲サヾルモ人ノ意ニ任ジ得ル者ナリセザル可カラザル者ニアラザルナリ

論者或ハ又曰ク吾人若シ富ヲ分配スルヿ今日ノ如ク不平等ナラスシテ均一ニ之ヲ分配スルノ方法ヲ知ラバ地球上ノ物產ハ以テ吾人ヲ擧テ之ヲ生育スルニ十分ナリト然レモ余輩之ニ荅テ曰ハントス人ハ自己現實ニ所有スル富ヲ以テ生存セザル可カラス社會設シ改良シタラバ所有シ得ルニ至ルベシト假定シタル想像的ノ富ヲ以テ生存スベカラズト今假リニ愛蘭全土ヲ正當ニ耕耘シタランニハ能ク今日愛蘭人

民二倍ノ數ヲ生育シ得ルトセンカ假令此ノ如ク假想スルモメーオーノ農夫ガ二町ノ田地ヲ相續スルノ見込ヲ以テ結婚スベキヤ否ノ問題ニ關シテ毫モ影况スル所ナキナリ今又假リニロンドン市中ノ富ハ大概皆資本家ト地主トノ間ニ吸收セラレタリトノ說ヲ正當ナリトセンカ假令之ヲ正當ナリトスルモ每週十八「シルリング」ノ給料ヲ得ル十八歲ノ勞働壯者ガ結婚スベキヤ否ノ問題ニハ毫モ影况ヲ及シ能ハザルナリ

論者又曰ク天帝已ニ口ヲ附與ス豈之ニ喰ハスノ食物ヲ附與セザランヤ惟〻地主ナリ使役者ナリ惡政府ナリ此數者ノ干涉アルガ故ニ食物ヲ得ル能ハザルナリト然レ𪜈活眼ヲ開テ世界ノ實况ヲ視察セヨ天帝ハ食物ノ準備具ハラザル數百千万ノ口ヲ作リタリ千種万別ノ動物世界皆然リ人モ亦動物ナリ豈此數ヲ免ルヿヲ得ベケンヤ其何ガ故ニ然ル

者ナルヤ吾人之ヲ知ルコト能ハズ是モ亦吾人ノ解釋シ能ハザル苦患厄難ノ一ナルノミ然レドモ其事實ニ至テハ明々白々ニシテ爭フ可カラザル所ナリ

私利及獨立

開明社會ニ必要ナル富ヲ生産センガ爲ニハ吾人ハ困苦不快ノ勞働ヲ爲サヾル可カラザルコト甚多シ刻苦勞働スル人ノ中ニハ唯ゝ其勤勞ヲ好ムガ故ニ之ヲ爲ス者アリ或ハ鄕黨朋友ニ益ヲ與ヘンコトヲ欲シテ之ヲ爲ス者アリ然レドモ是等ハ例外ナルノミ尋常ノ人ハ或ハ利益ヲ得ルノ希望ニ由テ奬勵セラルヽカ或ハ又缺乏ヲ感センコトヲ憂懼スルニアラザレバ必ズ刻苦勤勞スルコトアラザルベシ故ニ若シ吾人或ハ利益ヲ得ルノ希望ヲ絶ツカ或ハ又缺乏ヲ感スルノ憂懼ヲ亡ハシメタランニハ生産ノ業ハ禁遏セラレ一般幸福ノ度ハ低減スベキナリ

右ニ陳述シタル所ハ理財學ノ所謂私利ナル者ニシテ從來之ニ對シテ數多ノ駁撃誹謗ヲ蒙リタル者ナリ理財學者ハ私利ヲ主義トシテ説ヲ立テタリト論スル者往々是アリ然レトモ理財學者ハ私利ヲ主義トシタルニハアラズ私利ノ事實ヲ擧テ論述シタルノミナリ私利ハ何如バカリ必要ナル者ニモセヨ又大ニ危險ナル元素ヲ含有スル者ナリ然ルニ余輩謂ク恐クハ理財學者ガ此點ニ關シテ十分意ヲ注セザリシガ如シト蓋シ或人ニアリテハ利益ヲ希望スルノ念甚英敏ニ過キ遂ニ貪婪ニ陷ル者アリ又或者ニ於テハ缺乏憂惧スルノ心常ニ甚シク遂ニ慾情ノ奴隷ニ陷ル者アリ故ニ吾人ハ私利ノ事實タルコハ之ヲ承認ス然レトモ此ノ如キ事實ハ變更改良セザル可カラザル事實ナリト曰ハザルベカラザルナリ

善良ナル國土ニ在テハ所謂私利ナル者モ甚高尙ナル形ヲ取ル此ノ如

キ私利ハ吾人之ヲ獨立心ト稱ス苟モ正直ニ生活セント欲セバ吾人ハ進ンテ吾人ノ勤勞ヲ搜リ求ムベシ又其俸給如何ヲ勘フベシ而ノ後始テ吾人ハ社會ニ對シテモ友人ニ對シテモ特別ノ保護ヲ蒙ラザルヿヲ得ベキナリ

所有權

現今ノ富分配方法ハ一個人ノ私有權ト自由契約權トニ根據セリ故ニ余輩先ツ是等ノ主義ヲ論セズンバ余輩ノ論點ヲ進ムルヿ能ハザルナリ

如何ナル一個私人ト雖モ無限ノ額ニ至ル迄物品或ハ土地ヲ所有シ得ルナリ所有主ハ自己同意ノ條約ニ由ルニアラズンバ自己ノ所有物ヲ或ハ他ニ附與シ或ハ他ニ貸與セザルベカラザルニ至ルヿアルヿナシ此ノ如キ法則ヲ維持スル所以ハ一ハ吾人カ其天性所有權ヲ愛好スル

者ナルニヨルナリ抑〻人ハ皆自己ノ所有ヲ保持スルヿヲ好ム者ナリ現實ニ毫モ所有品ノナキ者ニテモ他日之ヲ所有シタランニハ其所有物ヲ以テ如何スベキト之ヲ想像スル者ナリ是私有權ヲ保持スル一理由ナリ然レ𪜈法律カ一私人ノ所有權ヲ保護スル所以ノ理由ハ猶ホ他ニ存スルナリ此理由ヲ了解スレバ社會上數多必要ノ問題ヲ解釋スルヲ得ルナリ請フ試ニ之ヲ論セン

第一所有權ハ一家族獨立ノ健全ナル基礎トナルナリ金錢或ハ土地ヲ所有スル人ハ妻子ヲシテ飲乏ヲ告クルノ虞勿ラシム抑〻所有權微リセバ家族ハ家族タルノ性質ヲ失フベシ而シテ家族ナル者ハ善良ナル社會ノ道德的ノ單位ナリ何ヲ以テ之ヲ言フヤ曰ク家族ハ通常ノ人ヲシテ擅橫私利ヲ脫シタル意志ニテ自己ノ義務ヲ盡サンヿヲ思ハシム蓋シ眞ニ愛國愛鄉等ノ念ヨリ刻苦勤勞スル人ハ絕無僅有ナリ然レ𪜈妻子

ノ爲ニ刻苦勤勞ヲ厭ハザルハ人ノ常情ナリ是家族ハ社會道德的ノ單位ナリト云フ所以ナリ

次ニ土地或ハ資本ヲ處理スルニ於テ一私人カ自己ノ利益ヲ思ヒ自ラ危險ヲ冒サヾレバ之ヲ成シ遂クルヿ能ハザルガ如キ事業尠少ナラズ往昔嚴格ナル習慣法ニ從フテ共同土地耕耘ノ行ハレタル時ニ方テハ土地ノ耕耘甚粗惡ナリシ故ニ余輩既ニ已ニ陳述シタルガ如ク一私人所有權ノ生出シ來リタルハ一ハ善良ナル農夫ガ自己ノ耕地ヲ他人ノ手ニ歸セシムルヿヲ欲セザリシニ起因セシナリ今設シ吾人カ共同權利ノ制度ニ恢復セントスルガ吾人ハ往昔ノ如ク嚴格ナル習慣法ノ賴ムベキ者アラザルナリ故ニ吾人ハ國家ガ之ヲ編成シテ官吏カ之ヲ執行スル所ノ法律ヲ採用セザル可カラズ然リ而メ彼ノ官吏ナル者ハ私ノ營業者ノ如ク勵精ナラズ節儉ナラズ又改良ニ熱心ナラザルハ衆人

皆承認スル所ナリ世ニハ國家ハ能ク如何ナル事ヲモ爲シ得ル者ナリト信スル者アリ然レヒ甚タ單一ナル事業ニシテ殆ント國家ガ之ヲ成シ遂クルヿ能ハザル者往々是アリ今其二三ノ例證ヲ擧ケン

第一資本ヲ貯蓄シ及之ヲ事業ニ投入スルヿ、夫レ資本ノ常ニ消費セラル、ヤ其額尠少ニアラズ而ソ此ノ如ク消費セラレタル資本ヲ修覆スルハ全然一個人ノ力ナリ人民ノ各々ハ他日之ヲ事業ニ投入シテ利益ヲ得ントノ希望心ヨリシテ常ニ自己歳入ノ幾分ヲ貯蓄スル者ナリ是彼ノ消費セラレタル資本ノ修覆セラル、所以ナリ今設シ借地料及利息ノ割合非常ニ低減シタランニハ一個人ニシテ貯蓄ヲナス者跡ヲ絶ツニ至ルヘシ此ノ如クナルトキハ國家カ共同歳入ノ一部ヲ貯蓄シ以テ消費シタル不動產ノ修覆ニ備ヘザル可カラザルヘシ然レヒ國家カ貯蓄ヲ爲スハ殆ント出來ベカラザル事タルナリ就中人民政府ニ於テ歳出歳入常ニ相償ハシムルハ最モ難キ所ナリ抑〻政府ガ之カ準備ヲ為サヾル可カラザル火急ノ事業ハ常ニ甚夥多ナルモノナリ故ニ苟モ政府ノ掌中ニ金錢ヲ所持スルヿアレバ政府ハ之ヲ以テ施行スベキ新奇ノ計策ハ常ニ甚多シ或ハ之ヲ以テ戰爭ノ經費或ハ其他非常ノ國債ヲ返還セザル可カラザルナリ或ハ之ヲ以テ歳入ヲ補ヒ人民ノ負擔ヲ輕減セザル可カラザルナリ其レ此ノ如シ故ニ開明國民ノ產業ニ必要ナル巨額ノ資本ヲ政府ニ委任スルハ策ノ得タル者ニアラザルナリ

第二發明及經驗、　吾人カ常ニ其利益ニ浴スル所ノ彼ノ万般ノ改良ナル者ハ大概皆容易ノ事ニアラズ大ニ時日ト資本トヲ消失セズンバ之ヲ為スヿ能ハサル者往々皆是ナリ人若シ新奇ノ機械或ハ新奇ノ方法ヲ發達セント欲セハ必ス先ツ或ハ自己ノ資本ヲ使用スルカ或ハ他人ヲ說諭シテ其資本ヲ借用セスンハ之ヲ為スヿ能ハザルナリ是蓋シ無謀輕卒ノ企圖ヲ抑制スルニ於テ大ニ力アルナルベシ然レ𪜈今若シ國家カ產業上ノ改良ヲ爲サントシ企圖シタランニハ國家ハ必ス官員的ニ之ヲ爲スヘシ即チ漫然國庫ノ財ヲ消費シ失敗ニ屈セス損亡ヲ意トセス悠久其業ニ從事スルニ至ルベシ是豈發明及經驗ヲナスノ良法ナリト曰フベケンヤ

第三價値ヲ算定スルヿ　目今ニ至テハ各人或ハ自己ノ產物ニ對シ或ハ自己ノ勤勞ニ對シテ他人ヨリ受領スル所ノ金額ハ即他人カ之ニ對シテ授與スルヿヲ喜ム所ヲ豫メ計算シテ之ヲ定ムルナリ此單一ナル法則ヲ應用シテ數多ノ問題ヲ解釋スルヿヲ得ルナリ然レ𪜈吾人ノ所謂自由賣買ナル者ハ「賣品ハ賣主ノ所有ニシテ之ヲ購買スル價金ハ買主ノ所有ナルヿ」ヲ假定シタル以上ノ論ナリ今若シ對手互ニ所有權アラズトセハ開明社會ノ煩雜ナル貿易ハ如何シテ行ハレ得ヘキヤ余輩

殆ント之ヲ想見スルヿ能ハザルナリ論者或ハ謂ク各人皆其力ニ應シテ勤勞シ其欲乏ニ從フテ享用シタランニハ吾人各々ノ所有アラズモ則チ可ナリト今若シ各人皆刻苦勤勞スルヿヲ喜ミ各人皆自己ノ欲乏スル外ハ消費スルヿヲ喜マザルガ如キ社會アラバ此ノ如キ社會ニ於テコソ論者ノ説ハ正ニ適應セラルベケレ然レモ此ノ如キ社會ノ實ニ存在スベキヤ否余輩大ニ疑ナキヿ能ハザルナリ

自由契約及必要

一私人所有權ノ存在スル所ニテハ所有權ヲ有スル者ハ常ニ必ス貧窶ナル隣人及貧人ノ利益ヲ謀ルト自稱スル政治家ノ誹難スル所トナルナリ而ノ其誹難セラルヽ所以ハ所有權ヲ有スル者ハ隣人ノ必要ニ乘シテ自己ノ利益ヲ爲スト云フニアリ即チ所有主カ自己ノ權利ヲ利用シテ苛酷ナル利益ヲ占ムルハ不正ナリト云フニアリ然レモ吾人ハ社

會ノ法律ヲ以テ此ノ如キ利益獲得ヲ禁制スルヿハ能ハザルベシ何トナレハ今若シ必要ナリト云フノ故ヲ以テ、土地及食物ハ安價ニ得ラルベシ、資本ハ低利ニテ借用セラルベシ、自由契約ノ爲ニ任シテ所有者ヲシテ巨大ノ利益ヲ得セシムベカラズ、トシタランニハ所謂必要ナル所以ノ者益増加シ遂ニハ所有者ノ富モ悉皆之ヲ喰ヒ盡スニ至ルベケレハナリ

試ニ吾人ノ所謂必要ナル者ヲ點撿セヨ是皆己ムヲ得ザル必要ニハアラザルナリ是等ノ必要ハ皆人爲ニ由テ生出セラレタルナリ例之ハ英國ニ於テ饑渇ヲ訴ユル貧民ノ生出スル方法如何ヲ視ヨ即チ次ノ如キ者ナラン或ル格段ナル市邑ニテ製造セラルヽ物品ノ需用急遽ニ増殖スレバ、資本家ハ直ニ資本ヲ之ニ投入シ勞働者ハ高價ノ給料ヲ得ントシテ直ニ他ノ業ヲ去テ該物品製産ニ輻湊セン而メ給料ノ高價ナル間ハ

勞働社會ノ壯年男女ハ頻リニ早婚セン而ソ一朝繁盛ノ時終レバ小資本家ハ皆困難ニ陷リ勞働人民ノ一群ハ業ヲ失ヒ生活ニ困苦セン然リ而ソ是等ノ弊害ヲ來シタル所以ノ者ハ何ゾヤ資本家ガ利ヲ得ルニ汲々タレバナリ勞働人民カ高價ノ給料ヲ直ニ享樂セント欲スレバナリ抑く是等二種ノ人民ニシテ多少ノ忍耐ト遠慮トヲ實行シ得ルニ至ラズンハ所有權ノ法律ヲ變更スルモ効ヲ奏スルヿ多カラザルヘシ

吾人今日ノ所有權及自由契約制度ノ利益アル所以ハ即チ該制度ハ吾人ヲシテ各自其必要ノ責ニ任セシムルヿ是ナリ夫レ吾人人類ハ各皆自己ノ能シ得ル所ニシテ且ツ他人カ之ニ對シテ給料ヲ拂フヿヲ好ム所ノ勤勞ヲ求メザル可カラス是レ實ニ嚴酷ナル法則ナリト云フヘシ然レ𪜈男子ハ此ノ如キ法則ノ下ニ棲息シテコソ眞ニ一個ノ丈夫ト稱スベケレ自己ノ勤勞ハ他人之ヲ求メ自己ノ給料ハ優等ナル權力者之

ヲ治定スルガ如キヿアラハ是豈丈夫タルニ於テ恥ツル所ナカランヤ」必要ヲ名トシテ所有ノ權利ヲ破壞セント欲スル論者ノ中或ハ專ラ其意ヲ巨大ナル所有者ニノミ注スルガ爲ニ此ノ誤謬ニ陷リタル者往々是アリ蓋シ其隣人ハ自己ノ必要ニ應スルダケノ土地及資本ヲ有セザルニ或人ハ毫モ生活ノ道ヲ求メザルモ可ナルノ狀態ナリトハ苛刻ノ如ク見ユベシ然レトモ吾人ハ吾人ノ所謂所有者中其大多數ハ富有者ニアラズシテ唯々多少幸福アル生活ヲ導キ得ルノミノ者タルヿヲ知ラザルベカラス

抑々所有權ヲ保護スルニ於テ最モ有効ナル者ハ巨大ノ所有者ニアラズシテ反テ細小所有者ニアリトス請フ試ニ之ヲ論セン今若シ勞働者ノ一人ガ一小屋ヲ所有シ自ラ該屋ニ住居スルヿヲ好マザルヿアリトセンカ此ノ如キ塲合ニ於テ或ハ借地料ヲ低減シ或ハ之ヲ沒收スル等ノ

法律出デナハ該勞働者ハ必ス右ノ法律ヲ以テ公正ナル法律トハセザルベシ若シ又勞働者カ事業ニ投入スヘキ些少ノ資本ヲ所有スルトセンカ此ノ如キ塲合ニ於テ國家銀行カ次ノ如ク宣言シタランニハ勞働者ハ必ズ之ヲ喜バザルベシ則チ國家銀行ノ言ニ曰ク我輩ハ今爾カ所有スル金錢ヲ取リ之ヲ善良ナル愛蘭ノ農夫ニ貸與セントス然レ𪜈爾若シ之ヲ要スルヿアル時ハ直ニ之ヲ返却スヘシ而ソ爾ハ利子ヲ得ルヿ能ハザルベシ何トナレハ利子ヲ貪ルハ總テ不正ナリトノ新法律出テタレバナリト此ノ如キ宣言ニ對シテ勞働者ノ喜バザルヲ見レハ則チ一私人所有ノ權利ヲ維持セザル可カラザル所以ノ理由燎然タルヿヲ得ン

富ノ分配セラルヽ方法

一大社會ノ歳入ガ各個人ニ分配セラルヽ方法ハ之ヲ大別シテ三トナ

スヿヲ得ベシ第一、借地料及利息即チ所有物ヲ使用シタル報酬第二、俸給給料即チ勤勞ヲ致シタル報酬第三、貿易及投機ノ利益、是ナリ

借地料

借地料トハ之ヲ占領シ及ヒ之ヲ使用スルヿヲ許サレタル報酬トシテ土地及不動産ノ所有者ヘ拂渡ス借料ヲ云フナリ前ニ陳ヘタルガ如ク此借料ノ額ハ主トシテ競爭ニ由テ定メラルヽナリ開明國ニ於テ拂ハルヽ借地料ノ總計ハ國ノ繁賑ニ従フテ增加ス例之ハ我國ニ於テ二百年以前土地所有者ガ拂渡シタル借地料ノ總計ハ無慮一千万「ポンド」ナリシガ今ヤ六千万「ポンド」ニ增加シタリ(「一ポンド」ハ我六圓許ナリ)然レ𪜈生産ノ業益々多岐益々熟錬ナルニ従フテ他ノ資本ヨリ得ラルヽ歳入ハ借地料ヨリモ益々速ニ增進ス故ニ全國一般ノ歳入ニ對スル借地料ノ比例ハ益々些少トナル即チ二百年以前ハ借地料ハ全國一般歳入ノ四分ノ

一ニ當リシガ今ヤ二十分ノ一ニモ當ラザルニ至レリ
借地料ヲ受領シ或ハ之ニ關シテ利害ヲ有スル人ハ種々ノ類別ニ屬ス即チ大小地主ハ勿論土地ニ被ラシタル歳入ヲ享受スル人及ヒ土地ヲ保證トシテ資本ヲ投入シタル人等皆是ナリ
借地料ヲ拂渡スガ爲ニ社會全體ハ如何ナル利益ヲ蒙ルヤ此問題ハ前段所有權全體ニ就テ論述シタル所ニテ一部ハ之ヲ答ヘタリ夫レ巨大ナル土地所有者ハ特ニ其公事的ノ義務ニ注意スルヲ常トス蓋シ巨大ナル土地所有者中遊獵及ヒ其他ノ遊戯ヲノミ事トスル者ナキニアラズ然レ圧又地方政府ノ細密ナル事務ニ關シテ大ニ熱心盡力スル者モ亦尠少ナラス是等無給官吏ニ關シテ譏謗誹謟ヲ試ル者ナキニアラズ然レ圧是等無給官吏ハ其能ク事務ヲ處理スルヿ及ヒ其經費ヲ冗費セザルヿ等反テ大ニ尋常少給ノ官吏ニ優ル所アリ

譯者曰ク英國ノ地方財産家ガ無給奉職ニテ地方ノ政事ニ盡力スルトハ他ニ多ク其例ヲ見ザル所ニシテ實ニ好良制度ト曰ハザルベカラズ余輩豈欽羨セサルベケンヤ

利息

利息トハ使用シタル資本ニ對シテ拂ヒ渡ス報酬ヲ云フ利息ノ割合ハ種々ノ事情ニ由テ定ルナリ今其主要ナル者ヲ擧ケン債主ガ資本ヲ亡失スルノ危險ヲ冒スドハ右危險ヲ保證スルノ目的ニテ幾分カ利息ノ割合ヲ增加ス貧窮人カ借財スル時ハ高利ヲ拂ハザル可カラザルノ理由一ハ之ガ爲メナリ貸與ヲ求ムル資本ノ額巨大ニシテ之ヲ使用スベキ道左迄廣カラザルドハ利息ノ割合低落ス故ニ富有ナル舊國ニテ資本夥多ニシテ之ヲ亡失スルノ虞尠少ナル土地ニテハ利息ノ割合卑シ然レドモ此ノ如キ國柄ニ於テハ假令利息ノ割合ハ低クドモ資本ノ增殖ス

ルヿ甚タ速ニシテ又之ヲ貸與スルヿ甚タ容易ナレバ國内ニテ拂ヒ渡サルヽ利息ノ總額ハ常ニ駸々平トシテ増殖スベシ

利息ヲ拂ヒ渡スガ爲ニ一般社會ハ如何ナル利益ヲ被ルヤノ論ニ至リテハ余輩又彼ノ所有論ヲ提出シテ之ニ答ヘザルベカラズ又利息ヲ受領スル者ハ誰ナルヤト問ハヽ余輩答テ曰ク天下ノ人往々皆然ラザル者ナシト上ハ巨大ノ貸金ヲナス銀行者ヨリ下ハ小額ヲ貯蓄シ之ヲ事業會社ニ投入スル者ニ至ルマテ皆多少ノ利息ヲ受領スル者ナリ

俸給及報酬

前段ニ論シタル如ク借地料及ヒ利息ハ資本ヲ使用シタル報酬ナリ吾人ノ勞役ニ對スル報酬ハ勞役ノ性質ニ從テ自然類別セラルベシ或ハ智力ヲ要シ或ハ監督支配ヲ爲スガ如キ勞役ハ總テ俸給ヲ以テ其報酬ヲ拂ヒ渡スヲ通常トス是等俸給ノ割合ハ如何ニシテ定メラルヤハ吾

人ヵ皆知ル所ナリ即チ今銀行支配人一名ヲ缺乏スルトセンカ吾人ハ先ツ其教育品行共ニ該任ニ適當シ商業社會ニ立テ自己ノ地位ヲ保持スルニ足ルベキ人物ヲ求メ此ノ如キ地位ニ立ツ所ノ者ノ生活ノ度ヲ量リ以テ其人ノ俸給ヲ定ムルナリ今又吾人ガ醫士ヲ賴ムトセンカ吾人ハ醫業規則ニ指示スルガ如キ報酬ヲ醫士ニ附與スベシ今人或ハ其熟練ノ名甚タ高キカ或ハ其人ノ務ムル所非常ニ切要ナル者ナランニハ其得ル所ノ俸給或ハ報酬ハ巨大ノ祿ナルベシト期待シテ可ナルベシ

開明諸國ニ於テハ俸給ヲ受領スル人士ノ數ヲ全國人口ニ比スレハ其比例甚タ巨大ナリ而メ其比例猶ホ益〻増進スルノ傾向アリ乃チ或ハ吾人ガ一時流行ノ思想ニ感激熱心シテ事業ヲ興ス毎ニ又或ハ吾人ガ民衆政治ノ立法ニ從フテ種々新奇ノ經驗ヲナス毎ニ吾人ハ必ス數多ノ

新地位ヲ創造シ俸給役人ノ員數ヲ增加ス且其レ敎育ノ普及ハ俸給役人ノ地位ヲ求ムル少年益〻數多ナラシムルノ傾向アリ

賃銀

我邦勞役社會ノ多數ハ皆賃銀ヲ以テ生活スル者ナリ賃銀ハ使役主ガ拂ヒ渡ス所ニシテ或ハ每日隔日或ハ每週隔週ニ之ヲ受領スル者トス全國內ニテ使役ヲ需用スル仕事ノ總額及ヒ賃銀ノ總額ハ二個ノ原因ニテ增減ス即チ一ハ利益アル事業ニ投入セラレンヿヲ求ムル資本ノ額ニシテ一ハ右資本投入ニ應スル事業ノ多少是ナリ

賃銀ノ割合即チ他語ニテ言ヘハ勤勞ノ市價ナル者ノ高低ハ數多原因ニ由テ上下ス此數者ハ皆別々ニ講究セザル可カラズ

第一、賃銀ノ割合ハ使役ヲ求ムル人ノ員數ニ由テ定ルナリ使役ヲ要スル事業ニ比シテ勞働者ノ數僅少ナレバ勞働者ノ賃銀ハ高上ナルベ

キナリ舊國ニテハ人口增殖ノ爲ニ勞働者ノ供給甚タ多ク競爭ノ爲ニ賃銀低下ナルヲ常トス

第二　賃銀ノ割合ハ勞働者ノ能力如何ニ由テ定ルナリ强壯、勤勉、熟錬、ノ人ヲ使役スルハ使役主ニ於テ大ニ利益アリ而メ其利益アルヿハ勞働者自ラ能ク之ヲ知ル故ニ此ノ如キ勞働者ニハ多クノ賃銀ヲ拂ヒ渡サヾル可カラス此ノ如キ場合ニ於テハ所謂廉價ナル勞働トハ拂ヒ渡シタル賃銀ノ額低下ナルノ謂ヒニアラズ例之ハ今請負人カイタリ國ニテ鐵道ヲ布設セントスルニイタリノ勞働者ヲ使役スレハ賃銀低下ナレドモ之ヲ使役スルヨリハ寧ロ賃銀高直ナル英國ノ勞働者ヲ使役シタル方全躰ヨリ看來レハ反テ安廉ナルヿヲ得ベシ是ニ由テ之ヲ觀レハ勞働者ハ其勞働ノ方法ヲ改良シテ効力アラシムルヿヲ力ムベキナリ使役主カ拂ヒ渡ス賃銀ニ對シテ効力尠少ナル勞働ヲ爲セハ悠久年

月間ニハ畢竟自己ノ賃銀ヲ低下スルノ傾向アルナリ

第三　賃銀ノ割合ハ啻ニ勞働者ノ能力如何ニヨリテ定ルノミナラス又其習慣及ヒ生活ノ標準如何ニ由テ定ルナリ夫レ人若シ善良ナル衣食住ヲ慣用シ來レハ常ニ斯ノ幸福ヲ維持セソヿヲ欲スルハ人情ノ常ナリ便チ此ノ如キ者ハ其獨立心ヲ發達シ其協同ノ力ヲ養ヒ以テ使役主ニ對シテ强盛ナル地位ヲ保持セソト欲スルナリ最近五十年間ニ勞働社會ノ趣向大ニ改良セリ而メ此改良アリタルガ爲ニ勞働者ヲシテ近年改進シタル生產方法ニ由テ增殖シタル富ノ一部分ヲ享受スルヿヲ得ルニ至ラシメタリ然レ圧生活ノ標準甚タ卑下ナル勞働者常ニ多少存在スルハ吾人ノ大ニ悲歎スル所ナリ此ノ如キ輩ハ啻ニ自己不潔卑陋ナル生活ニ滿足スルノミナラス其子孫モ亦自己同然ノ生活ヲ爲スニ甘心シ毫モ之ヲ改良スルノ意ナシ故ニ仮令賃銀高上スルモ此輩

ハ自家ノ生活ヲ改良スルヿヲ力メズシテ反テ之ヲ飲酒賭博ニ耗費シ去ルナリ此ノ如キ輩常ニ言フヿアリ曰ク吾輩ハ誰人ノ仇敵ニモアラス惟〻自己ノ仇敵ナリト實ニ此ノ如キ輩ハ勞働社會全體ノ仇敵ナリ此輩ハ勞働社會ヲ卑陋ニ陷レ該社會全體ノ繁盛ヲ損害スル者ナリ

第四　賃銀ノ割合ハ幾分カ社會全體ノ情態ニ由テ定ルナリ奴隷所有ノ邦ニ於ケルガ如ク勤勞ヲ輕蔑スル國柄ニテハ勞働者ハ抑制セラルベシ然レ𪜈勤勞ニ社會ノ同權ヲ許容スル國柄ニテハ勞働者ヲ視ルヿ猶ホ商人或ハ役員ヲ視ルガ如ク然リ抑〻勞働者ヲ愛遇スルハ啻ニ吾人ノ友情ニ發スルノミナラズ又大ニ吾人ノ利益ナリ今若シ勞働者ヲシテ其獨立心ヲ失ハシムルニ至ラズシテ而メ能ク之ヲ愛遇スレハ勞働者ハ自然其人物ヲ高尙ニシテ勤勞ノ効力モ亦大ニ增進スベシ

賃銀トシテ拂ヒ渡サルヽ金額ハ使役シタル勞働ニ對シテ正當ナル報

酬ナルヤ否是レ甚タ困難ナル問題ナリ而ソ吾人ハ右ニ關スル世俗誤謬ノ說ヲ輕信セザランヿヲ力メザル可カラス或ハ曰ク賃銀ハ自由契約ニ由テ決定シタル者ナルガ故ニ其額正當ナラザル可カラスト然レ𪜈一方ニハ資本ヲ所有シ一方ニハ欲乏ヲ告クルノ塲合ニ於テハ自由契約未タ必ス正當ト曰フ可カラス法律上ヨリ看來レハ「是レ契約ナリ故ニ履行セザル可カラス」ト謂ハザル可カラザル塲合ニシテ道德上ヨリ看來レハ反テ「契約ハ則チ法律上ノ契約ナリ然レ𪜈此契約ハ正當ナラス」ト謂ハザル可カラザル者往々是アリ

或ハ又曰ク賃銀ハ殆ソト必ス正當ナラスト其論ニ曰ク抑〻富ハ勤勞ニ由テ生產セラルヽ者ナリ故ニ一國ノ富ハ悉皆勞働者ノ所有ニ歸シテコソ正當ナレト此論ハ生產ナル語ノ意義ヲ誤解シタルガ爲ニ起リタル謬說ナリ苟モ自由貿易ノ行ハレタラソ國ニテハ生產トハ他ニアラ

ス惟〻人民カ之ヲ缺乏シ之カ爲ニ拂ヒ渡シヲ爲サンヿヲ欲スル所以ノ物品ヲ作リ或ハ之ヲ使用シ或ハ之ヲ販賣センヿヲ提供スルノ謂ヒナルノミ即チ生產者トハ社會ノ缺乏及ヒ購買ノ力ヲ推究シ此缺乏ヲ供給センヿヲ企圖スル者ノ謂ヒナリ巨大ナル產業ニ於テハ此ノ職務ヲ執ル所ノ者ハ勞働者ナラザルヲ以テ常トス鐵道ニテ勞働スル工夫ハ鐵線《レール》ヲ生產セス工夫ハ惟〻機械的ノ勤勞ヲナシ該鐵道ノ成効スルト否トニ關セス賃銀ヲ拂ヒ渡サルヽナリ鐵線ヲ生產スル者ハ別ニ存ス即チ該生產者ハ鐵線ノ缺乏スルヲ探知シ他ノ生產者ト競爭シテ之ヲ生產スルモ自己十分ノ利益ヲ受領シ得ルノ目的ヲ以テ該生產ニ從事スルナリ然リ而シテ此企圖ニシテ十分成効スルモ鐵道工夫ハ右利益ノ配當ヲ受領センヿヲ請求スルノ權力ハ決シテアラザルベシ近世賃銀受領者即チ勞働者ノ弱點ハ其自ラ生產者タラズシテ單ニ生產事業ニ機

械的ノ勞働ヲ與フルニ止ルニアリ彼ノ共同會社ナル者ノ目的トスル所ハ勞働者ノ地位ヲ改良シ勞働者ヲシテ通常資本家及ヒ受負人ガ爲シ來リタル職務ヲモ執ラシメ以テ賃銀ノ他ニ利息及ヒ利益ヲモ受領シ得ルニ至ラシメントスルニアリ

利益

前章ニ於テ余輩ハ利益ノ定義ヲ下シテ曰ク利益トハ物品價値其元價ニ超過シタルヰ其超過シタルダケノ額ヲ謂フナリト抑〻物品ノ元價ナル者ハ數多ノ箇條ヲ含蓄ス即チ材料薪料ノ市價、植物品ノ傷耗、資本ノ利息、借地料及ヒ賃銀等ナリ此數者ハ製產主ニ於ケル元價ナリ又商賈ニ於ケル物品ノ元價トハ該物ヲ購買シタル市價之ヲ販賣スルニ必要ナル諸入費等ナリ各製產主及ヒ各商賈ハ皆其物品ヲ販賣シテ該物品ノ元價ヲ恢復スルノミナラス又自己ニ最大ノ利益ヲ剩ス程ノ市價ヲ受領セントト欲スルナリ然レト世ニ數多同業ノ者アリテ各其市價ヲ低廉シ以テ自己物品ノ販賣ヲ擴張センコヲ力ム此ノ如キ競爭アルガ爲ニ各些少ノ利益ヲ以テ滿足セザル可カラザルニ至ルナリ競爭盛大ナル處ニテハ通常ノ商業ニテ巨大ノ利益ヲ受領スルコハ到底ナス可カラザルナリ

現今ノ社會ニテ大利ヲ占メント欲セバ或ハ非常ノ企圖ヲナスカ或ハ非常ノ才略ヲ有スルカ或ハ非常ノ僥倖ニ遭遇セザル可カラズ或ハ亞非利加內地等ニ入リテ新ニ市場ヲ開設セザル可カラス或ハ新奇ノ發明ヲ爲サヾル可カラズ或ハ自己ノ才略ト僥倖ヲ賴ンテ投機ノ取引ヲ爲サヾル可カラズ若シ此數者ナラザレハ或ハ叉巨大ノ資本ヲ使用シ巨大ノ事業ヲ起シ低廉ナル割合ノ利益ニテモ之ヲ積聚シテ巨大ノ利益ヲ爲サヾル可カラス是等ヲ措テ他ニ巨大ノ利益ヲ得ルノ途アラザ

ルナリ
何ヲ以テ正當ノ利益ト稱スベキヤノ問題ヲ答ルハ容易ノ事ニアラス然レ𪜈余輩ハ敢テ曰ハン商人カ社會ニ對シテ盡シタル功勞ヲ正ニ償フニ足ルベキ利益コソ正當ナル利益ナレト例之ハ巨大ニシテ善良ニ取扱ハルヽ肆舖アリ人民カ該肆舖ニテ自已ノ欲乏品ヲ購得スル者甚タ多シトセンカ此ノ如キ肆舖ヲ有スル人ハ銀行支配人カ或ハ稍〻高上ノ官吏カ得ルベキ程ノ歲入ヲ得ルヿ正當ナルベシ又各取引ニ關スル利益ハ右取引ノ爲ニ購買者カ受タル便益ニ相應スベキナリ
利益トシテ分配セラルヽ總額ハ商業者及ヒ資本家カ社會ニ向フテ盡シタル功勞ニ對スル正當ナル報酬ヨリ過當ナリヤ否ヤ此問題モ亦甚タ困難ナル問題ニシテ之ニ對シテ誤謬ノ答辭ヲナス者少カラス或ハ曰ク競爭充分ニ行ハルヽ地方ニ於テハ其商業タリ何業タルヲ問ハズ

報酬ノ分配ハ正ニ其功勞ニ適當スル者ナリト然レドモ投機及ヒ商業競爭ニ固有ナル數多ノ弊害ノ行ハルヽ時ニハ右ノ如キ理論ハ到底維持スルコト能ハザルナリ或ハ又利益ヲ受領スル者ヲ擧テ此ヲ非難スル者アリ然レドモ人ト人トノ間市邑ト市邑トノ間國民ト國民トノ間ニ生産物ノ自由交易ヲ爲サントセハ商業ハ缺クベカラザル者ナリ論者ハ之ヲ知ラザルナルベシ今若シ吾人ガ或ル協同方法ヲ以テ吾人ノ間ニ交易ヲ行フトセンカ然ルトキハ吾人ガ右賣買取扱人ニ對シテ拂ヒ渡スベキ金額ハ尠少ナラザルベシ而シテ今日諸商賈カ受領スル平均歳入ハ此金額ヨリ多カラザルベシ利益ヲ領得スル制度ノ弊害ヲ全然除去セント欲セハ吾人ハ共同ノ方法ヲ設ケ報酬ト功勞ト正ニ相適當セシメ投機ニ屬スル事業ハ悉皆禁止セザル可カラズ吾人ハ又富及ヒ富有者ニ關シ眞正ナル輿論ヲ作ルコトヲ謀ラザル可カラズ目下ノ情態ニ隨ヘ

ハ巨大ノ財産ヲ有スル人ハ其性質ノ何タルヲ問ハス社會上ニ叉政治上ニ大ナル權力ヲ有スルニ至ルナリ然リ而ソ權力ヲ愛スルノ念ト快樂ヲ好ムノ念ト合同シ以テ商人カ殷富ヲ欲スルノ念ヲ奬勵スルナリ」

第十三章　社會ノ不平均

開明社會ニ於テハ勤勞及ヒ富ノ分配甚タ不平均ナリ僅少ノ家族ハ勞働ヲ要セズシテ巨大ノ富ヲ享樂シ衆多ノ家族ハ刻苦勞働シテ僅ニ生活シ得ルナリ又衆多ノ家族ハ其德行ハ富有ナル隣人ニ多ク讓ラズ而ソ刻苦勤勞スレ𪜈尚《ホ》充分ノ生活ヲ得ルヿ能ハザル者アリ天下ノ形勢此ノ如シ憂憤慷慨ノ人士甚タ多キハ自然ノ數ト曰ハザル可カラザルナリ然レ𪜈憂憤慷慨ノ情念ニ制セラルヽ時ハ吾人ハ往々正理ヲ見ルヿ能ハザル者ナリ故ニ余輩ハ平意虛心天下ノ事實ヲ觀察シ以テ社會ノ弊害ヲ救治スルノ策ヲ講究セントス

蓋シ吾人ガ憂愁スル社會ノ不平均ナルモノハ一朝一夕ノ由來ニ非ス遠ク來リタル種々ノ原因ノ結果ナリ今其主要ナル原因ヲ擧ケン

第一　一個人ノ不平均强壯ニシテ才略アル人ハ常ニ必ス其隣人ヨリモ强大ナル富及ヒ權力ヲ領得シ得ベシ然リ而メ其人若シ檀横ナランニハ之ヲシテ不正餘計ノ分配ヲ領得セシメザランヿヲ謀ルハ甚タ難カルベシ今若シ其人實ニ檀横ナラズトスルモ彼毫モ社會ノ義務ノ何タルヲ知ラザルガ故ニ自然檀横ノ行ヲ爲スニ至ルヿ無シト曰フベカラス富有ナル人ハ概子皆謂ク我レ我ガ富ヲ增加シ我レ我ガ分ニ相應シタル生活ヲ爲セハ則チ社會ヲ利益スルヿ少カラズト權力ヲ有スル人ハ概子皆謂ク社會ノ人民ガ皆能ク我ガ指令ニ從順ナレバ社會ノ利益ハ自ラ增進スベシト

第二、政治上ノ不平均　一個人ノ差異ノ外ニ族別ノ差異アリ族別アラズシテ能ク秩序ヲ保持シ又能ク自ラ存立シタル社會ハ未タ嘗テアラザルナリ蓋シ或ハ勞働ヲ事トシ或ハ戰鬪スル民衆ノ上ニ立テ之ヲ命令指揮スル役員アラザル可カラズ又其役員ノ上ニ立テ國家ノ權力ヲ掌握スル者アラザル可カラス高尙ナル權力ヲ掌握スル者ハ常ニ必ス品位ニ相當セル報酬ヲ請求シ得ル者トス其人民ヨリ權力ヲ得タル主治者ナルト又人民ヨリ獨立ナル權利ニ由テ主治者トナリタルナリト宣言スル者ナルトヲ問ハス右ノ點ニ於テハ皆然ラザル者ナシ

第三、社會ノ不平均各家族ハ皆社會ニ於ケル相應ノ位置ヲ有スル者ニシテ其位置ニ從フテ其生活ノ度ヲ異ニスルナリ近世社會ノ數多階級ニ分別スル所以ノ者ハ蓋シ是ガ爲ノミ

各階級皆其階級ニ固有ナル法度ヲ有シ社會的ノ壓制ニテ其法度ヲ強行ス例之ハ中等社會ハ自ラ中等社會ノ風俗慣習ヲ存セリ故ニ苟モ中

等社會ノ人民タラント欲スル者ハ皆若干ノ財産ヲ有シ一種定リタル生活ヲナシ一種定リタル衣服ヲ着ケザル可カラス今若シ人アリ是等ノ點ニ關シテ其一ヲ缺カハ同階級ノ女兒ハ決シテ其人ト婚姻スルヿヲ肯ンゼザルヘシ而メ恐クハ其人ハ該社會ヨリ擯斥セラルベシ同一ノ理由ニテ貴族ハ自ラ貴族ノ標準アリ勞働社會中ノ高上ナル者ハ又自ラ其階級ニ固有ナル生活ノ標準アリ不幸ニシテ各階級皆其上位ノ階級ト交際シテ自己ノ地位ヲ高上ニセント欲スレ𪜈其下位ノ階級ト交際スルヿハ之ヲ欲セザルナリ此ノ如クニシテ分別シタル區畫線ハ益〻隔離スルノ傾向アリ特ニ大都邑ニ於テ最モ甚シトス大都邑ニ於テハ其階級ニ從テ其居住ノ街衢及ヒ地方ヲ異ニスルニ至ル嗚呼是豈安全ノ事ナランヤ

然レ𪜈不平均ハ天地自然ノ數ニシテ吾人又之ヲ如何トモスルヿ能ハ

ザルナリ如何ニ社會ノ制度法律ヲ變更スルモ吾人ハ吾人ヲシテ平等均一ノ地位ニ至ラシムルヿ能ハザルヘシ或ル者ハ支配スル爲ニ生レタリ或ル者ハ屈從スル爲ニ生レタリ或ル者ハ富實ナランガ爲ニ生レタリ或ル者ハ貧困ナランガ爲ニ生レタリ夫レ不平均ハ即チ天地自然ノ數ニシテ又如何トモスルヿ能ハズト雖ドモ然レドモ近世社會ノ情態ノ如ク富ハ益〻富、貧ハ益〻貧、貴ハ益〻貴、賤ハ益〻賤ナルガ如キハ是レ必要已ム可カラザルノ情態ニテハアラザルヘシ又希望スベキ情態ニモアラザルヘシ吾人ハ富ナリ幸福ナリ文化ナリ此數者ガ今日ノ如ク不平均ニ分配セラレズシテ平等均一ニ分配セラル丶ノ途ヲ講究スルハ吾人ノ最モ急務ナリト謂ハザル可カラス

革命及改革

政治家中或ハ社會ノ不平均ヲ憂フルヿ甚タシク社會ノ革命ヲ企圖ス

ル者アリ壓制不公正ヲ轉覆セント欲スル者アリ此輩ハ皆若シ革命ニシテ全然成効スルヿヲ得バ社會ハ必ス維新シテ天下ノ情態總テ好景況ヲ呈スベシト希望セリ古ヨリ此ノ如キ希望ヲ懷抱セシ者往々是レアリ然レトモ後ニ至テ其希望ノ誤レルヲ覺知シ失望落膽セザル者ハ未ダ嘗テ之アラザルナリ

爾若シ革命ヲ爲サント欲セバ爾先ツ人民ノ大多數ヲ説諭シ是等人民ヲシテ「之ヲ欲スルナラハ火急ノ大變動ヲ爲シテ其情態ヲ改良シ得ベシ」トノ理ヲ納得セシメザル可カラズ然リ而メ革命ヲ爲シタル後ニ至テ始テ「火急ノ大變動ヲナシテ人民大多數者ノ情態ヲ改良スルヿ」ノ決シテ爲シ能ハザルヿヲ覺知スルヲ常トス彼ノ革命ハ變シテ互ニ相難責攻擊スルノ塲トナリ無法修羅ノ巷トナリ以テ革命者自ラヲシテ失望落膽セシムル所以ノ者ハ蓋シ是ガ爲ナリ是ヲ以テ革命ノ演劇終局

セントスルニ及ンテ所謂濟世ノ英雄ナル者現出シテ全社會ノ尊崇スル所トナリ遂ニ復タ革命以前ノ如キ社會ヲ恢復スルニ至ルナリ抑〻革命ヲ欲スル政治家ノ誤謬ノ根本ハ此輩ガ風習口碑ヲ全然破却シ得ルト思考スル處ニ存セリ此輩ハ社會ノ制度情態ハ純然人意ノ造作セシ所ニシテ恣ニ之ヲ變更シ得ル者ト思考セリ然レ𪜈之ヲ實地ニ照見スレバ社會ノ制度情態ハ皆人性ノ自然ヨリ發生シタル者ニシテ決シテ人意偶然ノ造作ニアラス故ニ今若シ吾人ノ法律ハ全然之ヲ發棄シ得ルトスルモ吾人ノ習慣吾人ノ思想ハ依然トシテ存在スベシ故ニ是等ノ習慣是等ノ思想ニ由テ新ニ法律ヲ編成セバ新法律ハ必ズ復タ舊法律ト大ニ異ナラザル者ナルベキヤ疑ヒナシ吾人若シ大變更ヲ爲サント欲セバ吾人ハ革命ヲ以テ之ヲ爲サンヿヲ希望スベカラス宜ク改革ヲ以テ之ヲ爲スベシ抑〻改革ハ緩漫持重ノ者ナレ𪜈能ク吾人ノ習

慣及ヒ思想ヲ改良スルノ傾向アル者ハ改革ニ如ク者ナシ然リ而メ改革ニシテ最モ能ク不平均ヲ救治スルニ効アル者ハ財産及ヒ權力ノ普及ヲ企圖スル改革ニ如ク者ナカルベシ而メ吾人ガ財産及ヒ權力ノ普及ヲ奬勵スルノ方法二アリ即チ一ハ右二者ガ僅少人士ノ手中ニ甚タシク積聚スルヿヲ妨クルニアリ一ハ又人民公衆カ利得ヲナシ及ヒ獨立ノ行爲ヲ爲スヿヲ容易ナラシムルニアリ余輩請フ之ヲ論セン

財産ノ普及

財産普及ノ方法ヲ列擧スレバ次ノ如シ

第一　吾人ハ吾人ノ生活ヲ爲スニ充分ナルヨリハ猶ホ多クノ財産ヲ積聚セント欲望スル所以ノ念慮ヲ微弱ナラシメ以テ財産積衆ヲ防禦スルヿヲ得ルナリ而メ之ヲ爲スノ第一法ハ贅澤及懶惰ヲ戒ムルニ在リ

今若シ富有ノ人モ必ズ勤勞シ又必ズ淡泊ノ生活ヲ爲スベキ者ト豫定

セバ非常ノ財產ヲ有スルモ又尋常ノ財產ヲ有スルモ日常ノ幸福ニ於テ大差無キニ至ベシ此點ニ關ソハ法律ノ壓制ヲ以テ効ヲ奏スルヿ甚タ少シ贅澤禁制ノ法律ハ常ニ害有テ益無シ何ソヤ此ノ法律ハ一私人ノ家政ニ干渉ソ人民ニ不快ノ念ヲ生セシムレバナリ又富人ヲソ強テ勤勞セシムルノ法律ヲ通常ノ政府ガ執行スルハ安全ノ策ニ非ルナリ」

第二　財產相續ノ權力ヲ制限シテ以テ財產積聚ノ弊害ヲ防禦スルヲ得ベシ吾人ノ法律ハ常ニ財產ヲ永久ニ相續スルヿヲ防遏スルノ傾向アリ抑〻財產相續ナル者ハ或ル區域ノ內ニ達スル迄ハ有用ノ者ナリ例之ハ人カ其財產ノ歲入ヲ其未亡人ニ遺留シ未亡人死シタル後ハ其財產ヲ其子孫ニ遺留スルガ如キハ充分正當ナリト曰ハザル可カラス然レトモ相續ノ權力ハ往々一人ノ掌中ニ巨大ノ財產ヲ保有セシムルニ至ルヿナシト曰フ可カラズ此ノ如キ弊害ハ豫メ防遏セザル可カラズ遺

囑ニ由テ處分セラレザル死者ノ所有地ノ全部ヲ擧テ悉ク之ヲ其長子ニ附與スルカ如キ法律ハ種々ノ弊害ヲ生出スルガ故ニ此ノ如キ法律ハ變更セザル可カラス

財産ニ關シテ尙ホ一歩ヲ進ソテ變更ヲ爲サント企圖スル者アリ例之ハ財産所有主カ遺囑ニ由テ其財産ヲ處分スルノ權利ヲ剝奪セント企圖スル者アリ即チ死者ノ財産ハ悉ク之ヲ國家ニ沒收シ唯〻其子孫生育ニ必要ナルダケヲ其家ニ附與スベシト曰フニアリ此ノ如キ法律ハ非常ノ混雜ヲ生スルニ至ルヘシ財産所有者ハ皆其存生中ニ其財産ヲ贈附シ自己ハ唯〻其歲入ヲノミ保有スルニ至ルベシ且ツ其レ此ノ如キ法律ハ若シ之ヲ小額ノ財産所有者ニ應用シタランニハ甚タシキ酷法ト曰ハザル可カラス而ソ若シ又國家カ恣ニ大小所有者ヲ區別シタランニハ甚タシキ不公正ヲ生出セザル可カラス

或ハ又税率ニ由テ富有者ノ上ニ富有税ナル者ヲ課スベシト企圖スル者アリ蓋シ上納シ得ベキ力ニ應シテ國家ノ經費ヲ負擔セシムルハ公正ナリト曰ハザル可カラズ然レ圧租税ヲ以テ財産不平均ヲ救治スルノ方法ニ當ツルハ果シテ正當ナルベキヤ否ヤ余輩疑ヒナキヿ能ハス今若シ若干額以上ノ財産ヲ所有スル者ニハ重大ノ租税ヲ賦課スルトセンカ右ノ如キ所有者ハ必ズ其財産ヲ分チ所有主ノ名義ヲ他人ニ負ハシメ自己ハ唯〻纔ニ右額ニ達スルダケヲ所有スルニ至ルベシ嚴酷ナル法律ヲ発レンガ爲ニ右ノ如キ秘密ノ計畫ヲナシタルノ例證尠カラス而メ秘密ノ計畫ハ大ナル弊害ヲ生出スルナリ何トナレバ是レ法律ヲ輕蔑スルノ傾向アルノミナラス又之ヲ禁制セント欲セハ摘發捜索ノ惡法ヲ用ヒザル可カラザレハナリ

第三　總シテ般富ヲ奬勵スルノ方法ハ皆人民公衆ヲシテ利得ヲ容易

ナラシムル者ナリ貯蓄銀行ナリ交友會ナリ建築會社ナリ此數者ハ我英國民ノ爲ニ大ニ効ヲ奏シタリ而ソ爾後益〻効ヲ奏ス可キナリ或ハ全國土地及ヒ資本ヲ擧テ之ヲ國家或ハ地方廳ニ附與スベシト企圖スル者アリ然レ𪜈吾人若シ各戶主ヲシテ資本家タリ土地所有者タルニ至ラシムルヿヲ得バ吾人ハ毫モ右ノ如キ企圖ヲ爲スヲ要セザルベシ

第四　所有權ノ移轉ヲ及フベク〔ダ〕ケ單一安廉ナラシムルヿニ由テ又利得ノ道ヲ容易ナラシムベシ抑〻財產積聚ノ一原因ハ法律ノ明確ナラサルト法律的儀式ノ高價ナルトニ由ルナリ小額ノ財產ヲ獲得スルニ障碍アル是等ノ弊害ハ除去セザル可カラザルナリ

權力ノ普及

社會ニ於テ權力ノ分配ハ多少財產ノ分配ニ相應セザル可カラス然レ𪜈獨立ノ地位或ハ勢力ヲ附與スル者ハ獨リ財產ノミニ非ザルナリ且

ツ權力ノ分配ハ幾分カ政治的ノ法律ニ由テ定メラル丶者ナリト雖モ吾人ハ又毫モ事實上ニ關係ヲ有スルヿ無クシテ政權ヲ有スルヿヲ得ルナリ苟モ權力ヲ有セントト欲スル者ハ又之ニ相應シタル性質ヲ有セサル可カラス即チ其人確然動スヘカラサルノ目的ヲ有セサル可カラス又其目的ヲ執行スルノ方法ヲ明々白々ニ了知セサル可カラス吾人若シ權力ノ普及センヿヲ欲セハ吾人ハ先ツ聰明ニシテ愛國心アル人民ノ數ヲ增加セサル可カラス吾人カ社會ノ不平均ヲ救治スルノ目的ヲ以テ之ヲ普及センヿヲ欲スル所以ノ權力ニアリ

第一　製產的及資本ノ權力、勞働社會中自己勞働スル製產事業ニ必要ナル煩雜ノ組織ヲ毫モ了知セサル者往々之レアリ此輩ハ自己ノ勤勞ノ外毫モ之ヲ察知セス故ニ此輩ハ常ニ必ス大事業ヲ計畫スルノ方法ヲ了知スル二三ノ人ニ依頼セリ勞働者ニシテ若シ支配人ノ軌軛ヲ脱セントセハ先ツ自己事ヲ支配スルノ權力ヲ獲得セザル可カラス此事タル困難ハ則チ困難ナリト雖𪜈他ニ製産上ノ問題ヲ解釋スル方法アラサルナリ

第二政治的權力　通常ノ國士ニシテ政府ノ機關ヲ了知スル者甚タ少ナシ此ヲ以テ通常ノ國士ハ官吏及ヒ專門政治家ノ意ノ如クニ左右セラルヽヿ往々是レアリ夫レ投票發言ノ權利ヲ有シタレハトテ未タ以テ政治上ノ權力ヲ有シタリト爲ス可カラス吾人若シ獨立セント欲セハ吾人ハ宜シク先ツ政治上ノ事實ニ關シテ獨立ノ判定ヲ下シ得ル人民ノ數ヲ增加スヘシ而ソ吾人ハ政黨支配人ヲシテ彼等ノ言行カ吾人ノ主義ニ適合スルノ場合ニアラズンバ彼等ハ吾人ノ賛成ヲ得ルヿ能ハストト思考スルニ至ラシメサル可カラス

第十四章　國家ノ職分

開明社會ニ於テ社會ノ幸福增進ヲ計畫スル機關三アリ第一利益テ希望スル爲ニ運行スル故意ノ機關第二社會ヲ開進セシメント欲スル愛國心ノ爲ニ運行スル故意ノ機關第三强テ運行セザル可カラザル國家、是ナリ自由國ニ於テ國家ハ豫メ其臣民多數ノ同意ヲ得ルニ非ザレバ運行スルヿ能ハズ然レ𪜈一旦此同意ノ得ラレタル以上ハ國家ノ目的ハ法律ノ威力ヲ以テ之ヲ强行シ得可シ國家ニ必用ナル經費ハ租稅ノ法ニテ之ヲ獲得シ得可シ而メ此ノ如ク威力ヲ以テ經費ヲ收斂スルノ權力アルガ故ニ國家ノ企圖シタル事業ハ皆冗多ノ費用ヲ要スルノ傾向アリ法律ヲ編成シ及ヒ之ヲ執行スルノ權力アルガ故ニ國家ハ往々此權力ヲ濫用スルノ傾向アリ故ニ吾人常ニ意ヲ注シテ之ヲ監督セズンバ政治的ノ權力ハ動モスレバ則チ一個人及ヒ一家族ノ獨立ヲ蠶食スルニ至ルベシ抑〻政府及ヒ立法官ガ吾人ノ爲ニ務ムル所甚タ多シ然レ𪜈國家及ヒ立法官ハ吾人ノ爲ニ萬事ヲ務ムル者ニ非ズ且他ノ權力ノ之ヲ幇助スル者有ルニ非ザレバ政府及ヒ立法官ノミニテハ一事ヲモ爲スヿ能ハザルナリ今若シ他ノ機關ガ強壯忠愛ノ國士ヲ國家ニ供給スル有ルニ非ズンバ彼ノ國民防禦ノ事ト雖𪜈國家ハ之ヲ執行シ能ハザルベシ

余輩今近世國家ガ其臣民ノ爲ニ務ムル種々ノ職務ヲ各別ニ講究セントス

國民防禦

耶蘇敎奉信ノ諸國ニテハ葛藤紛議ハ總テ之ヲ戰爭ニ訴テ決スルヲ常トス此ノ如キ大弊害ヲ除去セント欲セバ吾人ハ先ツ吾人ノ思想及ヒ習慣ニ一大變革ヲ加ヘザル可カラズ兎ニ角各國家ハ皆外敵ニ對シテ

其領地及ヒ住民ヲ防禦スルノ準備ヲ爲サヾル可カラズ夫レ攻撃ニ對シテ防禦抵抗スルヿハ之ヲ道義上ヨリ看來ルモ毫モ恥ル所ナキナリ抑〻善良ナル人ハ自己ニ暴行ヲ加ヘタル者ヲ宥免スルヿアリ然レドモ善良ナル人ハ又暴行ヲ禁遏スルニ力ヲ盡スナリ今夫レ英國人カ佛軍ノ爲ニ其妻子ヲ奴隷ニ賣ラルヽモ猶《ホ》泰然トシテ安座シ之ニ抵抗反對セザルヿアランカ此ノ如キ英國人ハ耶蘇教ノ教旨ヲ守ル英國人ト稱ス可カラス宜ク卑怯人ト稱スベキナリ又英國大臣ガ戰爭ヲ好マザル所ヨリ如何ナル利害ヲモ顧ミス平和ヲノミ主義トシタランニハ是レ仁愛ノ大臣ニアラズ是レ憶病大臣ナリ正當ノ理由存スルトキハ吾人ハ進ンテ戰鬪スルヿヲ喜マザル可カラズ既ニ之ヲ喜ム以上ハ又之ガ準備ヲ爲サヾル可カラズ

國家ガ國民防禦ノ爲ニ準備ヲナスノ方法ニアリ請フ試ニ之ヲ論セン」

第一　國家ハ全國ノ強壯男子ヲ徴集シ常ニ軍務ヲ調錬シ一朝事アルノ日ニ方テハ戰役ニ從事セシムルヿヲ得ベシ此方法ハ日耳曼國ニテ採用セラレ大ニ効ヲ奏シタル方法ナリ該國ニ於テハ一令ノ下ニテ全國ノ精錬男子ヲ戰場ニ徴集シ得ルナリ抑々此方法タルヤ甚タ厄介ナル方法ナリト曰ハザル可カラズ何ソヤ有力ナル勤勞ニシテ產業ニ從事スルヿ能ハズシテ軍事調錬ニ從事セザル可カラザル者甚タ夥多ナルベシ壯年男子ニシテ兵役ニ從事スルヿヲ好マザル所ヨリ外域ニ移住スル者亦尠少ナラザルベシ且其レ強大ノ軍兵ヲ維持セント欲セバ政府ハ常ニ壓制政治ヲ施サヾル可カラス蓋シ歐州大陸ノ諸國ハ其大軍ヲ廢止スルヿ能ハザルヘシ豈歎セザルベケンヤ各國皆他國ノ強弱ヲ窺ヒ苟モ投スベキノ虚機アラバ直ニ之ニ乘シテ自己ヲ利セント欲セリ故ニ他ノ諸國カ軍兵ヲ減殺スルニアラズンバ何レノ國モ之ヲ減殺

スルヿ能ハザルナリ然リ而ソ各國皆一致合同シテ軍兵ヲ徴スルカ如キ日ハ亦有ルベキニアラザルナリ

第二　國家ハ其臣民全體ヲ防禦スルガ爲ニ兵士ヲ雇用スルヿヲ得而ソ雇用シタル兵士ガ外國人ナル時ハ之ヲ稱シテ雇兵ト曰フ雇兵ヲ使用スルニ對シテ政治的ノ駁撃論甚タ多シ壓制政府ガ其臣民ヲ屈從スルガ爲ニ雇兵ヲ使用シタルヿアリ是レ最大弊害ナリ我英國ノ如ク其國ノ人士ヲ雇用シテ兵士ト爲スニ對シテモ猶《ホ》駁撃スベキ點尠カラズ蓋兵役ナル者ハ尋常善良ノ壯年子弟ガ就クヿヲ欲スル職務ニアラズ故ニ好ソテ兵役ニ從事スル者ハ皆不良下賤ノ小民最モ多シトス且要スルダケノ兵士ヲ雇用スルヿ甚タ困難ナルガ故ニ兵士ヲ雇用スルノ經費非常ノ巨額ニ達セザルヲ得ズ蓋我英國ガ强迫徴兵ノ制度ヲ用ヒズシテ自ラ好ム者ヲ雇用スルノ制度ヲ取ル者ハ國民一般該制度ヲ採

定スルコヲ喜マザルガ爲ナリ
夫レ戰爭ハ無情慘澹ニシテ事物ヲ破壞スル者ナリ而ソ吾人ハ產業社會ヘ重稅ヲ賦課セシメザレバ戰爭必要ノ準備ヲ爲スコ能ハズ而ソ善良ナル國士カ該賦課ノ一部ヲ負擔シ又必要ノ塲合ニ方テ國家防禦ノ爲ニ戰鬪スルハ固ヨリ國士ノ分ト曰ハザル可カラズ

外交事務

國家ハ國民防禦ノ準備ヲ爲ザヾル可カラザルノミナラズ又外國ノ交際ニ關シテハ総テ吾人ヲ代表セザル可カラズ此事務ニ關シテ吾人々民ハ行政部ニ非常ノ信任ヲ措ク故ニ皇帝及ヒ其大臣ハ如何ナル條約ヲ爲シテ吾人ヲ約束スルモ可ナリ皇帝及ヒ其大臣ハ國會ノ同意ヲ得スシテ平和ヲ爲スモ可ナリ戰宣ヲ爲スモ亦可ナリ今設シ吾人カ新法律ヲ作リ宣戰講和ハ総テ一應國會ノ承諾ヲ得ザル可カラズト定ムル

モ尙《ホ》實際是等ノ外交事務ヲ執行スル者ハ行政官タラザル可カラズ例之ハ我英國アフガニスタンノ境界ニ關シテロシヤ國ト交渉ヲ生シタリトセンカ此ノ如キ場合ニ於テハ我カ外務大臣トロシヤノ全權大使トノ間ニテ多少ノ談判ヲ遂ケザル可カラズ而ソ我カ外務大臣ガ手強キ談判ヲ爲シテ首尾喜キ結果ヲ得ントスルニハ大臣ハ彼ノ申シ入ルヽ所ヲ承諾スルノ權力ヲ有セザル可カラズ又「卿若シ之ヲ承諾セズンバ我之ヲ干戈ニ訴ヘザル可カラズ」ト斷言スルノ權力ヲ有セザル可カラズ

是等ノ權力ハ甚タ大切ナル者ナルガ故ニ大臣ハ其外交政略ニ關スル目的ハ常ニ明々白々ニ開陳セザル可カラズ然レモ實際上ヨリ看來レハ大臣ハ明々白々ニ之ヲ開陳セザルヲ常トス大臣ハ謂ク人民公衆ハ外交事務ノ委曲ヲ了知セズト是ヲ以テ大臣ハ漠然タル開陳ノミヲ以

テ吾人々民ヲ滿足セシムルナリ

古ヨリ外交ヲ曰フ者ハ皆秘密主義ヲ尊フガ如シ我政府ガ外國ト談判ヲ爲ス時ニ方テヤ世人ハ常ニ必ス曰ク談判結了ニ至ル迄ハ其事實ヲ漏洩スルハ社會ノ爲ニ得策ニ非スト夫レロシヤノ如キ壓制政府ニ於テハ其外交政略當ニ此ノ如クナルベシ然レ𪜈我英國ノ如キ政治ノ方向常ニ人民ノ談論スル所トナル國柄ニ於テハ秘密政略ハ全然不適當ナリトス英國ノ大臣ハ猶《ホ》商社ノ支配人ノ如シ其頭取ノ指揮ヲ受ケズシテ取引ヲ爲スヿ能ハザルナリ今夫レ英國大臣ハ如何ナル事件ヲモ悉皆之ヲ國會ニ告知スルヿヲ知ラハ大陸諸國ノ大臣ハ精核明瞭ナル報告ヲ英國大臣ニ爲スヿヲ欲セザルベシ然レ𪜈又外國大臣ハ右ノ如ク之ヲ使役スル所ノ國會ト常ニ親密ニ氣脉ヲ通スル大臣ト條約ヲ結了スルハ秘密ヲ主トスル大臣ト條約ヲ結了スルヨリモ反テ大ニ安全

ナルヿヲ覺知スベシ抑〻外國政治家ガ我カ外務官吏ノ信義ヲ守ラザルヿヲ愁訴スル所以ノ者ハ他ニ非ズ我國ノ政治家ガ自ラ頭取ノ資格ヲ以テ談判シ愈〻其政略ヲ施行スルノ時ニ當テハ反テ又支配人ノ地位ニ陷ルヲ以テ興論ノ爲ニ贊成セラレザル政略ハ假令既ニ已ニ外國ト約束シタル者ト雖𪜈之ヲ施行スルヿ能ハザルニ至ルガ故ナリ

罪惡ノ防禦

國家ハ外國ノ敵ニ對シテ吾人ヲ防禦スルガ如ク又內國ノ敵ニ對シテ又吾人ヲ防禦ス腕力或ハ詐欺ヲ以テ其隣人ヲ損害スル所ノ者ハ社會ノ敵トシテ之ヲ處理スルナリ此ノ如キ敵ニ對シテ施ス方策數項アリ」第一防止、國家ハ警察官吏ヲ置キ晝夜吾人ヲ衛護ス警察官吏ハ將ニ罪惡ヲ犯サントスル者ヲ捕縛シ又少年子弟ニシテ畢竟罪人トナルベキ虞アル者ヲ捕縛シ之ヲ感化院ニ送ル第二發見、國家ハ罪惡ノ犯サレタリト疑フベキ場合アレハ之ヲ搜索探求ス此搜索探求ハ公然ナルモ或ハ秘密ナルモ可ナリ國家ハ罪人ニ關シテ報知ヲ得ンガ爲ニ粧裝詐欺ヲ用ユル探偵ヲ使役スルモ可ナリ又國家ハ罪人互ニ其罪惡ヲ告發スルコトヲ奬勵ス此ノ如キ行爲ハ充分德義ニ協フヤ否ハ倫理學ノ問題ナリ

第三告發、罪惡ノ犯サレタル時ニハ損害ヲ被ムリタル者或ハ損害ヲ被ムリタル者ノ友人ハ罪人ニ對シテ法律ヲ應用センコトヲ請求スルヲ常トス然レトモ吾人ハ全然一私人ノ告發ヲ信憑スルコト能ハス故ニ政府ノ官吏ハ犯罪嫌疑ノ人ヲ吟味ス

第四處罰、罪人ヲ吟味シ果シテ其罪アルコトヲ發見セシトキハ國家ハ其刑罰ヲ宣告ス之ヲ爲スニ當テ種々ノ事情ヲ考察セザル可カラズ即チ爲サレタル損害ハ及フ可ク丈ケ賠償セザル可カラズ而メ之ヲ賠償

スルノ方法ハ或ハ罪人ガ其罪悪ニ由テ得タル利益ヲ奪ヒ或ハ損害ヲ被リタル人ニ對シテ償金ヲ拂ハシム次ニ又刑罰ハ他ノ者ヲシテ同一罪悪ヲ犯スヿヲ防遏セシムルガ如キ者ナラザル可カラス罪悪重大ナレハ其刑罰ノ防遏力モ亦重大ナラザル可カラズ

罪人ヲ警戒スルヿハ刑罰ノ直接ノ目的ト為スベカラス然レ𪜈又全ク之ヲ度外視スベカラス罪人ハ强テ説敎ヲ聽聞セシメ以テ一營業ヲ敎ユルヲ常トス尙《ホ》他ニ一ノ注意スベキヿアリ罪人ヲシテ社會ノ厄介タラシメザルヿ是レナリ罪人ノ勤勞ヲ有益ノ業ニ用井罪人ノ衣食ハ節儉ヲ主トスベシ

行政警察

夫レ人ハ動モスレハ則チ爭鬪スルノ傾向アリ而メ吾人自ラヲシテ其爭論ヲ鎭定セシムルハ安全ノ策ニ非ス故ニ國家ハ壓制及ヒ秩序紊亂

ヲ防遏スルガ爲ニ公正判決ノ業務ヲ執ルナリ
乃チ國家ハ各人皆遵奉セザル可カラザル所ノ法律ヲ編成シ爭鬪ヲ判定スルガ爲ニ法庭ヲ設立ス
法庭ハ權利ニ關スル問題ヲ治定スルガ爲ニ常ニ開設スル者トス例之バ甲某アリ乙某ノ所有品ヲ請求シ之ヲ法庭ニ訴フ而ソ甲若シ正當ノ理由ヲ有スレバ國家ハ甲カ其所有品ヲ恢復スルニ國家ノ力ヲ假スヿアリ又甲某アリ乙某ノ妻ナリト請求ス然レモ乙ハ之ヲ承諾セズ此ノ如キ塲合ニ當テ法庭ハ其事由ヲ吟味シ甲ノ謂フ所果シテ正當ナレバ乙ハ甲ヲ受取リ之ヲ保育セザル可カラズ

國家ノ制限

學者或ハ曰ク國家ハ只平和及ヒ秩序ヲ維持センヿヲ務ムレハ則チ可ナリ社會ノ物體的及ヒ道德的ノ幸福ノ如キハ之ヲ有志者ノ盡力ニ放

任スレハ則チ可ナリト此論タルヤ毫モ應用國家學ノ進歩ヲ資クル者ニ非ス抑政府ナル者ハ其人民政府タリ壓制政府タルヲ問ハズ退テ事ヲ省カントスルヨリモ寧ロ進テ事ヲ多端ナラシメントスル傾向アル者ナリ

蓋國家ハ從來執行シ來リタル事物ヲ放擲シタル事無キニ非ズ然レ𪜈又一方ニ於テハ從來放擲シ來リタル事務ニ干涉スル事反テ甚タ多シ是ヲ以テ今ヤ如何ナル事件ト雖𪜈如何ナル業務ト雖𪜈近世國家學ノ區域內ニ入ラザル者ハ一モ存セザルニ至レリ

宗敎

昔時ハ人々皆「國家ガ宗敎ヲ一定シ其臣民ヲシテ悉皆該宗敎ヲ信向セシメザル可カラズ」ト信セリ例之ハ英國ハ耶蘇舊敎ノ國ナリシ而メ如何ナル人ト雖𪜈該敎ヲ奉スル者ニ非ンバ英吉利人タルノ權利ヲ享受

スル丁能ハザリシ異端ノ敎ヲ奉スル人ハ恰モ追竄セラレタル人ノ如クナリシ然ルニ宥容主義ノ行ハレテヨリ全然事物ノ躰面ヲ一變セリ目下英國ニ於テハ異端ノ敎ヲ奉スル者ト雖圧自由ニ賣買シ自由ニ結婚シ及ヒ子女ヲ擧ゲ自由ニ言論ヲ發露著述シ又自由ニ政府ノ官吏タル丁ヲ得ルナリ故ニ今ヤ吾人ハ第十七世紀ニ用井タル者ト同一ノ意義ヲ以テ「英吉利國ハ耶蘇敎國ナリ」ト云フ可カラザルナリ

今ヤ如何ナル人ト雖圧國家カ其臣民ヲシテ悉皆一定ノ宗敎ヲ奉信セシメ得ルモノト信スル者ハ非ス反テ皆謂ラク國家ハ宗敎ノ爲ニ其力ヲ用ユヘシト蓋吾人カ全國人民ヲ擧テ同一宗敎ヲ奉信セシムルハ到底吾人ノ爲シ能ハザル所ナルベシ然リト雖圧歷史的ニ其國民ニ固有ナル宗敎アラバ宜シク該敎ヲ維持保存スベシトノ論尙ホ甚タ强盛ナリ而ソ此論ヲ持スル所以ノ者ハ概子皆便利上ヨリ之ヲ主唱スルナリ其論

ニ曰ク國敎ニ特許特權ヲ附與スレバ其人民間ニ善行ヲ奬勵スルノ効力益〻强盛ナリト
一方ニ於テ自由主義ノ政治家ハ則チ曰ク之ヲ公正上ヨリ看來ルモ又之ヲ便宜上ヨリ看來ルモ宥容主義ヲ取ルコソ然ルベケレ國家ガ既ニ數多宗敎ノ一國內ニ存立スルヿヲ許容シタル以上ハ其宗敎ハ悉皆同一ニ取扱ハザル可カラス或ハ社會上ヨリ或ハ政治上ヨリ特ニ一宗ヲ愛護スベカラス且國敎ノ特許特權ヲ剝奪シ之ヲシテ其敎徒ノ協議盡力ニ依賴セザル可カラザルニ至ラシメバ反テ國敎ガ善行ヲ奬勵スルノ効力强大ナルヿヲ得ベシト是等論者ハ宗敎ト政治ト別離スルヿヲ目的トスルモノニ非ス反テ宗敎ノ力ニ由テ政治社會ヲ純粹高尙ナラシメント欲スルモノナリ然レトモ是等論者ハ國家ガ宗敎的ノ職務ヲ執ルヿヲ欲セザルモノナリ

科學

國家カ其通常ノ職務以外ニ干渉スルヿナクシテ科學ノ進歩ヲ幇助シ得ルノ方法アリ例之ハ海軍省ハ其官吏ニ命シテ地理學者及ヒ生物學者ニ必要ノ事實ヲ聚集セシムルヿヲ得ベシ又商務局ハ理財學者ノ需用ニ應シテ其統計表ヲ指示シ得ベシ又文書局ハ歴史家及ヒ法律家ノ講究ヲ幇助スルヿヲ得ベシ然レ𪜈此ノ如キ間接ノ幇助ハ未タ以テ或學者ノ請求ヲ滿足セザルヿアルベシ宗教宣教師ノ如ク科學教師モ亦國費ヲ給與セラレンヿヲ請求スルヿアリ

科學講究ヲ奬勵スルガ爲ニ國家ガ直接ニ資金補助ヲ給與スルハ國家ノ職務ナルヤ否此問題ヲ論スルニ當テ吾人ハ正直ナル講究ハ自由ニ任セザル可カラス既ニ自由ナレハ政府ノ事務ト毫モ關係スルヿ無キヿヲ知ラザル可カラス吾人ハ又苟モ國家ノ義務トシテ執行スル所ハ

一個私人カ之ヲ執行スルヿヲ要セザル所ナリト知ラザル可カラス故ニ吾人ノ智識及ヒ幸福ヲ增進スルガ爲ニナサルヽ事ハ其事ノ何タルヲ問ハズ總テ之ヲ有志者ノ行爲ニ放任セヨ苟モ吾人ノ富有者ガ實ニ宗敎ナリ科學ナリ慈善ノ行爲ナリ是等ノ數者ニ意ヲ注シ且自己ノ財力及ヒ才略ヲ以テ主トシテ社會ノ爲ニ盡ス所アランヿヲ欲セハ是等ノ富有者ガ社會慈善ノ擧ヲ執行スルヿ國家ガ之ヲ爲スヨリモ寧ニ適宜ナルベシ何トナレバ國家ハ强迫ニ非ンバ他ニ財ヲ得ルノ道ヲ有セザレバナリ而メ政府ガ講學研究ヲ奬勵センガ爲ニ數多小財産家ニ租稅ヲ賦課スルモ是等小財産家ハ右ノ講學研究ノ爲ニ毫モ益スルヿ無キハ抑〻正當ノ事ナルヤ否余輩疑ナキヿ能ハズ

貧民救助

國家ハ各臣民ヲシテ其欲スル所ニ隨フテ自由ニ生活ヲ營マシム若シ

其生活ノ途ヲ失フ者アルモ國家ハ毫モ其責ニ任セズ然レ圧國家ハ又其法律不完全ナルガ爲ニ生計ヲ失フ者無キニ非ザルヿヲ知ラザル可カラズ而ソ又國家ハ飢餓ニ迫リタル者ヲ救助スルヿノ必要ナルヿヲ認メザル可カラズ然レ圧國家ガ之ヲ救助スル所以ノモノハ便宜上ヨリ來ル所ニシテ其人救助ヲ受クルノ權利ヲ有スルガ故ニ非ルナリ若シ此ノ如キ權利アル者トセハ如何ナル臣民ト雖圧救助ヲ請求シ及ヒ之ヲ受領スルヿヲ得ベシ然レ圧現今ノ情態ニ從ヘバ救助ヲ受クル者ハ國士タルノ權利ヲ亡失シ政府ノ指揮ニ從フテ進退ヲ決セザル可カラズ故ニ是等ノ者ハ時ニ或ハ工作場內ニ閉居セシメラルヽ事ナシト云フ可カラズ此ノ如キ規則ハ嚴酷ハ即チ嚴酷ナリト雖圧又甚タ仁慈ノ規則ト云ハザル可カラズ蓋緩漫ナル規律ヲ以テ貧民ヲ救助スル程貧民ヲ卑陋ナラシムルヿ甚タシキモノハ非ザルナリ

政治家中苟モ貧窮人アレバ政府皆之ニ干渉セザル可カラスト論スル者アリ此輩ハ則チ曰ク抑々國家ハ社會ノ爲ニ善行ヲ奬勵ズベキ結合躰ナリト然レ𪜈之レ大ナル誤謬ノ論ト曰ハザル可カラズ善行ヲ奬勵スル結合躰ニシテ國家ガ毫モ之ニ關係ヲ有セザル者尠シトセス盖國家ハ結合躰ハ即チ結合躰ナリト雖𪜈其目的トスル所制限アリ故ニ國家ハ或ハ善行ヲ爲スヿアリ或ハ又惡行ヲ爲スヿ無キニシモ非ス論者或ハ又曰ク慈善ノ行爲ヲ奬勵スルガ爲ニ貧窮人ヲ救助スベシト然レ𪜈慈善ナル語ヲ立法上幷ニ行政上ニ應用セントスルハ甚タ不當ナリト云ハザル可カラズ今若シ國會ガ租税ヲ徴集シテ衆貧民ニ皆若干ノ幸福ヲ享受セシムベシト議決センカ此ノ如キ議決ハ豈之ヲ慈善ト稱スルヿヲ得ンヤ何ソヤ國會議員ハ慈善者トスルニ足ラザルナリ何トナレハ議員ハ他人民ノ財力ヲ以テ之チ謀リタル者ナレバナリ該租税ヲ

納ムル者亦慈善者トスルニ足ラザルナリ何トナレハ人民ノ租税ヲ出スハ皆强迫ニ出ツル者ニシテ自己ノ意思ヨリ出ツルニ非ザレハナリ」

敎育

國家ハ其臣民ノ結婚ハ各自ノ自由ニ任シ毫モ之ニ干渉セス然レ𪜈既ニ結婚シテ子女ヲ設ケタル時ハ其父母必ス之ヲ養育シ又之ヲ敎育スルノ義務アル者トス然レ𪜈人ノ父母タル者ニシテ此義務ヲ果スニ大ニ困難スル者アリ是ヲ以テ國家ハ敎育ヲ補助スル爲ニ國費ヲ費スヿ尠少ナラズ抑〻此補助ヲ與フル所以ノ者ハ正當ナル權利ニ基テ之ヲ爲スニ非ス論者或ハ曰ク人ノ父母タル者ハ各皆租税ヲ上納スル者ナルガ故ニ其子女ヲ學校ニ出スモ毫モ費用ヲ要セズシテ可ナルベシト然レ𪜈今若シ此ノ如キ請求ヲ許容スベキ者トセハ同一理由ニ由テ父母ガ費用ヲ出サズシテ其子女ノ爲ニ養料ヲ請求シ得ベキヿトナラン是

レ豈許容スベキノ事ナランヤ

我英國ノ教育法ハ便宜上强大ナル理由ニ基テ制セラレタル者ナリ抑〻各國士カ皆文字ヲ解スルニ至リ又教育ヲ受ケンヿヲ欲スル者ハ皆容易簡便ニ之ヲ受クルヿヲ得ルニ至ルハ社會ニ於テ大ナル便益ナリト云ハサル可カラス余輩ハ決シテ國家ガ國民ノ教育ヲ放任スルヿヲ欲スル者ニ非ス余輩ハ反テ國家ガ益〻進ンテ之ニ干渉センヿヲ欲スル者ナリ國家ハ最モ初歩ノ教育ハ全然之ヲ放任スルモ可ナルベシ然レヒ高等小學及ヒ中學ハ今日ノ狀態ヨリモ尙ホ一層各種ノ人民ノ之ニ入リ易キニ至ラシメンヿヲ力ムベシ且國家ハ工藝者ノ請求ニ應シテ工藝ノ報告ヲ爲スベシ又一般人民ノ請求ニ應シテ經濟上ノ報告ヲ爲スベシ

然レヒ教育補助ノ爲ニ政府ノ權力ヲ用ユルニ方テ吾人ハ大ニ意ヲ注

セザル可カラザル者アリ總テ強迫ノ方法ハ危險ニ陷ルノ虞アルモノナレバナリ今干渉敎育ノ危險ナル所以ヲ論セン

第一、父母ノ獨立心ヲ損害スルヿアルベシ今國家ガ六錢ヲ費シタル者ヲ一私人ノ子ハ一錢ニテ得ルトセンカ此ノ如キハ子女ノ爲メ又社會ノ爲メニ善ナルハ即チ善ナリト雖𪜈父母ノ爲メニハ善ナラザルヿ無シト曰フ可カラズ

昔日賃銀ヲ補助スル爲ニ租税ヲ徴集シテ大ナル弊害ヲ生セシヿアリ彼ノ敎育ヲ補助スルノ結果モ亦之ニ類シタル弊害ヲ生セズト爲スベカラズ且中等社會ノ人民ガ學資ヲ補助セラレテ其子ヲ中學ニ遣ハスハ善ハ即チ善ナルヘシト雖𪜈寧ロ父母自ラ之ニ力ヲ盡シ又其費用ヲ辨シタランニハ其効力益〻高大ナルヿヲ得ベシ

且夫レ國家ガ敎育ニ干渉スレハ敎育上ニ官吏的ノ風ヲ生スルガ爲ニ

弊害ヲ生スルヿ無シト曰フ可カラズ抑〻教育ハ學生ノ缺乏ト才能トニ應シテ之ヲ施サヾル可カラズ然ルニ政府教育ハ如何ナル人ニ對シテモ皆同一ナリ我國寄宿學校生徒ノ弊害ハ皆之ニ基因スルナリ强壯ニシテ充分ナル生活ヲ享受スル子弟ニ於テ甚タ容易ナル課業モ微弱ニシテ缺乏シタル生活ノ子女ニ於テハ大ニ困難ナルヿアリ夫レ我ガ子弟ノ大ニ力ヲ用ユル所ハ語學及ヒ文學ニ在リ故ニ秀逸ナル學生モ成業ノ後熟鍊ノ勤勞ヲ爲スヿ能ハズシテ競フテ書記官タラント欲スル者往々皆是ナリ

安全及健康

當世紀ニ至ルニ及ンテ國家ハ其臣民ノ生命及ヒ健康ヲ防護スルガ爲ニ力ヲ盡サヾル可カラザルニ至リタルヿ甚タ多シ例之ハ製造所ノ支配方鑛山及船舶ノ支配方ヲ管理スルガ爲ニ國會ハ數百ノ條例ヲ發布

シタリ且是等條例ノ果シテ能ク實行セラルヽヤ否ヲ監督スルガ爲ニ數多ノ撿査官ヲ置キタリ家屋ノ構造及ヒ汚水掃流等ハ政府之ニ干渉スルヿ有ルニ至リ種痘ハ强テ之ヲ行ハシムルヿトナリタリ

此ノ如ク近世立法權ノ發達シタル結果ハ大概皆善良ナルヿヲ得タリ乃チ幼者ヲ製產場內ニ使役スルヿハ禁セラレタリ然レドモ之ニ關シテ製產者カ豫想セシ所ニ反シテ產業ハ反テ益〻盛大ヲ致シタリ又鑛山及ヒ船舶ヲ處理スルニ於テ勞働者ノ安否ニ大ニ意ヲ注スルニ至レリ又痘ヲ病ンテ死スル者ノ數大ニ減少セリ

久シカラズシテ衞生及ヒ防護ノ爲ニ尙ホ益〻法律ヲ擴張スルノ請求大ナルニ至ルベシト思考セラルヽナリ然レドモ吾人ハ此請求ノ張大ニ失セザランヿヲ慮ラザル可カラズ一惡行ノ發見セラルヽ每ニ新法律及ヒ新干渉ヲ請求スルノ聲甚タ喧シ是等ノ請求ハ各其理由ナキニ非ス然

レバ此ノ如キ請求ニ關シテ吾人ガ常ニ思ハザル可カラザル二三ノ大綱アリ請フ試ニ之ヲ論セン

第一　監督人ノ趣向ニ從テ家屋ヲ建築シ工場ヲ改造スレバ多額ノ費用ヲ要ス且總テノ工場及ヒ住家ヲ政府ノ監督ニ歸セシメバ官吏ノ俸給大ニ增加スルガ爲ニ製產家ハ租税トシテ多額ノ金圓ヲ拂ヒ出サヾル可カラザルニ至ルベシ

次ニ政府ノ監督ノミニテハ完全ナル衞生法ヲ得ルヿ能ハス抑鑛山ガ常ニ危險ニ陷リ工場ガ往々不健康ノ狀態ナルハ何ガ故ゾヤ他ナシ地主及ヒ使役主ハ工夫ノ幸福ヲ思フヨリハ寧ロ自己ノ利益ヲ思フヿ急ナルガ故ナリ又工夫ガ無感覺ニシテ諸事悉ク使役主ノ意思ニ放任スルガ故ナリ其レ然リ是ヲ以テ立法權ハ該弊害ノ根本ハ之ヲ如何トモスルヿ能ハズ只其結果ノ張大ナラザランヿヲ力ムルノミ

産業及商業

二百年以前ノ政治家ハ政府ガ其臣民中ニ行ハルヽ産業ヲ奬勵指揮セザル可カラズト曰フヿニ關シテ疑ヲ抱ク者ハ非ザリシ故ニ利益アルト思考セラレタル産業ニハ保護金ヲ附與シタリ損失ナルベシト思考セラレタル産業ニハ禁遏税ヲ課シタリ總テノ營業ハ國法及ヒ地方ノ權力ニ由テ干渉支配セラレタリ

理財學者中最モ卓越シタル輩ハ是等ノ所行ノ誤謬ナルヿヲ駁論シタリ此輩曰ク政府ガ産業ヲ奬勵セント欲セハ宜ク營業ヲ自由ニ放任セシムベシ然レバ則チ人民ハ各其能スル所ヲ盡シ各自己ニ最モ適當シタル業務ニ就キ最モ利益アル處ニテ之ヲ賣リ又最モ利益アル處ニテ之ヲ購フベシ抑〻保護金ナリ租税ナリ法律規則ナリ此數者ハ皆多少自由製産ヲ禁制スルモノナリ而ソ禁制ナル者ハ其社會ヲ害スルヿ實ニ

明々白々タル所以ノ事業ニ對スル外決シテ之ヲ行フ可カラザルナリ

夫レ産業ノ目的ハ製産ニ存セズシテ反テ消費ニ存セリ故ニ製産物ガ自由ニ消費者ノ手中ニ達スルヿヲ妨害ス可カラズト

自由貿易ノ主義ハ彼ノ最大多數ノ最大幸福ナル格言ヲ應用シタル者ナリ今一例ヲ擧テ之ヲ證セン爰ニ一國アリ從來穀物ヲ産出ス然レモ今穀物ハ悉皆之ヲ外國ニ仰キ國內ニテハ肉類ヲ産出スルヿ最モ利益アリトセンカ此ノ如キ塲合ニ方テハ田圃ヲ變シテ牧塲ト爲サヾル可カラズ然レモ此ノ如クスル時ハ農夫ノ業ヲ失フ者尠少ナラザルベシ是ニ於テ保護税論者ハ則チ曰ク輸入税ヲ賦課シテ外國穀物ノ輸入ヲ防クベシ然レバ則チ吾人ハ內國ニテ穀物製産ヲ繼續スルヿヲ得ベシト然レモ此論タルヤ之ヲ他言ニテ曰ヘハ即チ次ノ如クナルヘシ「我人民ノ一割五分ガ業務ヲ得ルヘキガ爲ニ殘餘ノ八割五分ノ人民ハ高價

ニテ穀物及ヒ肉類ヲ得ベシ」ト是レ豈策ノ得タルモノナランヤ
消費者ノ利益ハ常ニ第一ニ思考スヘシ格段ナル物品製產者ノ利益ハ第二ニ思考シテ可ナリ消費者ノ利益ハ即チ一般社會ノ利益ナリ抑〻此論ハ常ニ製產者ノ喜フ所ノ者ニ非ザルハ論ヲ俟タザルナリ一業ニ從事スル工人ガ外國競爭ノ爲ニ損害セラレタリト思考スル時ニ方テ該工人等ハ何ガ故ニ隣人ハ之ガ爲ニ利益ヲ被ムリ自己ハ反テ損害ヲ被ムルベキヤノ理由ヲ看能ハザルハ自然ノ勢ナリ是ヲ以テ何レノ國ニ於テモ勞働社會ハ保護稅說及ヒ政府ノ干涉說ニ左袒スル者多キニ居ルナリ蓋シ我英國ニ於テモ勞働社會ノ人民ガ保護稅說ノ爲ニ動サルヽノ日無シトス可カラズ

近世政府カ產業ヲ獎勵セント企圖スル方法猶一アリ即チ國家ハ幇助ヲ附與スルモ可ナリト思考スル人々ノ爲ニ國家ノ信憑ヲ貸與ス即チ

國家ハ公債ヲ募集シテ之ヲ人民ニ貸與スルヿアリ此ノ如キ貸與ハ盛大ナル事業ヲ試ントスル時ニ方テハ必要ノ事ナリ然レヒ之ヲ爲スニ於テ吾人ハ大ニ意ヲ注セザル可カラザル者アリ今其貸與ヲ受ケタル者ガ之ヲ安全ナル事業ニ用ユルトセンカ然レバ則チ國家ノ貸與ヲ受ケスドモ低利ヲ以テ一私人ヨリ貸與ヲ受クルヿヲ得ベシ若シ又其事業ニシテ安全ナラザル者トセンカ是レ政府ガ租税ヲ徵集シテ一私人ノ投機ノ業ヲ資クル者ナリ蓋事業ヲ起ス者ハ悉皆政府ノ補助ヲ受クルヿヲ得ベシト思考スル者ハ非サルベシ然レヒ苟モ政府ガ大事業ヲ企圖スル者ノ爲ニ資金ヲ貸與スルヿアラハ何ガ故ニ政府ハ又憫然ナル孀婦ノ一小店ヲ開カントスル者ノ爲ニ資金ヲ貸與スベカラザルヤ」且夫レ政府ガ漫然資本ヲ貸附スルハ果シテ慈善ノ主義ニ合フヤ否余輩疑ナキヿ能ハズ抑〻事業家ガ資金ヲ得ルヿ能ハザル所以ノ者ハ資本

家ガ該事業ノ成否如何ヲ危フムガ故ナリ政府ガ若シ該事業ノ成功ヲ保證スルガ如キ方法ヲ知ラバ何ガ故ニ政府ハ該方法ヲ敎示シ資本家ヲ奬勵シテ該事業ニ着手セシメザルヤ

總論

前章及ヒ本章ニ於テ論究シタル所ヲ總括スレバ次ノ如クナルベシ

彼ノ國民防禦、罪惡禁遏等ノ如キ大ニ强迫ヲ用井ルヿヲ要スル社會組大ノ事業ハ國家ガ之ヲ逃行セザル可カラズ

又國家ガ深ク慮ツテ時々其權力ヲ使用シ以テ其弊害ヲ禁止シ又其規律法度ヲ敎示スレバ之カ爲ニ大ニ利益ヲ被ムルガ如キ事業モ亦尠少ナラズ

然レ𪜈國家ノ行爲ハ常ニ大ニ意ヲ用井ザル可カラズ何トナレバ權力ノ使用ハ總テ壓制及ヒ冗費ヲ生スルノ傾向アル者ナレバナリ吾人ガ

希望スル政治上ノ目的ハ一個人ヲシテ其一個人タル資格ヲ亡失シ唯〻國家ノ命是レ從フニ至ラシムルガ如キ位置ニ立タシム可カラス又一個人カ國家ノ救助ヲ願フヿヲ奬勵スベカラズ反テ一個人、一家族、一會社ヲシテ悉ク皆正當ナル目的ヲ以テ正當ナル業務ニ從事セシメ各自ラ其責任ヲ負フニ至ラシメンヿヲ希望スヘキナリ

第十五章　國家幷ニ社會改革

前章ニ於テ余輩ハ國家ハ其區域內ニテ動作スベキ者ニシテ此區域ヲ超越スル時ハ反テ社會ヲ損害スルヿヲ論シタリ此ノ論タルヤ社會ニ關シテ論ヲ立ツル卓絕ナル學者輩カ皆一致同意スル所ナリ法律家曰ク法律ハ强力ナリト而シテ余輩ハ强力ヲ以テ社會ノ弊害ヲ救治ス可カラサルヲ知ル「產業ハ自然ニ放任スレハ最モ善ク進步スル者ナリ然ルニ立法官ガ善良ナル意志ヲ以テ產業ニ干涉セシカ爲ニ反テ其進步

ヲ妨害セシヿ往々是アリ」トハ理財學者ノ論スル所ナリ
政治家カ法律學士及理財學士ト其說ヲ異ニスルモ政治家ハ之ヲ講究討論スルヲ要セサル者トスルカ如シ政治家ハ則曰ク吾人ハ吾人ノ高尙ナル感情ニ由テ致導セラルレハ則可ナリ法律家ノ局促タル規則及理財家ノ冷淡ナル理論毫モ取ルニ足ラスト一般社會ノ耳目カ此ノ如キ誤謬ノ高言ヲ見聞スルヿヲ欲スル間ハ此ノ如キ政治家ハ跡ヲ絕ツニ至ラザル可シ

政治家中或ハ毫モ歷史上ニ知ラレザルカ如キ架空夢想ノ國家ヲ奉信スル者アリヘンリーヂヨルジ氏ノ如キ是ナリ氏ハ現實ノ國家ハ總テ之ヲ輕蔑ス氏曰ク立君政躰ナリ共和政躰ナリ是皆單ニ壓政弊害ノ府ナリト氏ハ國家ヲシテ單一ナル地主ナラシメント欲スル者ナリ而シテ其之ヲ欲スルハ自己幷ニ自己ノ黨衆カ政權ヲ掌握シタル時政府

カ土地ヲ所有スレバ此ノ如キ政府ハ嘗テ地上ニ現出シタル政府トハ全然異ナリタル純粋善良ノ政府トナルニ至ル可シト氏ハ思考スレハナリ

國家共同論

共同論ノ種類甚タ多シ故ニ余輩今試ミニ共同論ノ何タルヲ陳述セントスレハ該陳述ハ自然漠然タル者ナラサル可カラス抑〻共同論者カ他ノ政治論者ト異ナル所以ノ者ハ共同論者カ彼ノ社會ノ大弊害タル貧窮ノ原因及之ヲ救治スルノ策ニ關シテ異説ヲ懷抱スルニ由ルナリ共同論者ハ大概皆ルーソーノ論ヲ信從スル者ナリ該論者皆曰ク往昔各人皆土地物産ニ關シテ同一自然ノ權利ヲ有シタルコアリ此ノ如キ時ニ方テ人民ハ一般ニ幸福ナリシ抑〻一私人所有權ノ起因セシ所以ノ者ハ僅少ノ人カ數多人民ノ自然ノ權利ヲ剝奪セント欲望セシニ職由

ス近世社會ノ弊害ハ悉ク皆富人ノ放恣ナルト富人ノ作リタル法律ノ不公正ナルトニ起因ス
近世社會ノ事實ヲ論スルニ方テ共同論者ハ動モスレハ則チ開明ノ缺點及失敗ヲ說出サンコヲ好ム此ノ如キ論者ハ皆曰ク天下ノ情態ハ益〻不良不善ニ陷リ富者ハ益〻富ミ貧者ハ益〻貧ナリト是等ノ論者ハ勞働者ヲ以テ獨立ノ人ト爲サス反テ放恣ナル事業家ノ犧牲トセリ故ニ該論者ハ苟モ社會ヲ改良セント欲セハ必ス先ツ勞動者ヲシテ中等資本家ノ壓制ヲ免レシメ以テ或ル中等政治家ノ敎導ニ服從セシムルニ非スンハ到底之ヲ爲スヿ能ハサル可シト確言セリ
共同論者カ貧窮救治ノ策ヲ論スルニ方テ共同論者ハ二黨派ニ分別ス第一無法論者、是等ノ論者ハ則チ曰ク現今ノ社會ハ全然邪惡ナリ故ニ人類ノ舊形ヲ脫落シテ新形ヲ造立スルハ自然ノ數ト曰ハサル可カラ

ス但此ノ破却ノ事業執行ヲ指揮スル者ノ權力ノミハ之ヲ存ス可シト
ロシヤ虛無黨ノ一人ナルバクニンハ學問ヲモ癈棄ス可シト論シテ曰
ク學問アル人モ皆公衆人民ト同一感情ヲ抱キ神聖安全ナル無學ノ情
態ニテ公衆人民ト共ニ倶ニ生活ス可シト是等ハ人事ヲ辨スル者ノ論
ニ非ス故ニ余輩ハ之ヲ討論スルノ徒勞ヲ取ラサル可シ
第二ハ即チ國家共同論者ニシテ此論者ハ現在ノ權力ヲ益〻強大ナラシ
メ以テ力ヲ盡シテ貧窮者ノ利益ヲ謀ラントスルニ在リ或ル壓制政治
家ノ目的ハ是ノミ例之ハビスマーク公ノ如シ權力主義ノ民政論者中
ニモ亦同一目的ヲ懷抱スル者アリ是等論者ノ說ク所ハ精核ナリシコ
殆ントコレアラス例之ハ該論者ノ一人トモ稱ス可キチヤンバーレー
ン氏ハ曰ク國家學ハ人類幸福ノ學ナリト此ノ如キ定義ハ其意義甚タ
漠然タルカ故ニ大ニ誤謬ヲ生シ易シ蓋シ國家學ハ人類幸福ノ上ニ重

要ナル關係ヲ有スル學ナリ然レ𪜈國家學直接ノ問題ハ公正節儉ヲ主トシテ天下ノ公務ヲ處理スルヿヲ論スルニ在リ如何ナル政府ト雖𪜈吾人ヲシテ幸福ナラシムルヿ能ハス若シ其レ吾人ハ政府カ其固有ノ義務ヲ執行スルニ於テスラ猶ホ甚タ不完全ナルヿヲ知ラハ吾人ハ吾人ノ幸福ヲ政府ニ委任スルヿノ愚ナルヿヲ覺知ス可シ

英國ニ於テ國家共同論者カ問題トスル處ハ次ノ如シ第一租税、租税ハ財産ノ不平均ヲ矯正スルカ如ク賦課セラル可シ第二、貧窮甚タシク公開ノ市場ニ於テ借財スルヿ能ハサル者就中少量ノ土地ヲ購賣セント欲スル者ノ爲ニ官金ヲ貸與ス可シ第三、所有權就中巨大ナル土地ノ所有權ニ賦課シタル租税ヲ强行ス可シ第四、所有品ノ上ニ賦課セラレタル者ニシテ之ヲ撰擧シタル者ノ利益ノ爲ニ代議士ノ取扱フ地方税、第五、小作人及隣人ノ利益ノ爲ニ土地所有者ヲ剝奪スルノ便宜、我國ニ於テハ製産工場ノ所有主ヲ剝奪ス可シト企圖スル者ナシ然レ𪜈鑛山及鉄道ハ總テ之ヲ政府ノ有ニ歸セシム可シト論スル考アリ第六、國家ハ地主及借地人ノ間使役主及ヒ使役人トノ間ニ存在スル契約ノ箇條ヲ命令シ此箇條ニ從フテ爲シタル契約ノ外ハ總テ無効ナリト爲ス可シ故ニ我國ニ於テハ商人ト其華主或ハ金貸ト借用人トノ間ノ契約ニ干涉セント企圖スル者アラズ

國家共同論者ノ企圖スル所ハ皆法律ニ合ヘリ該論者ハ德義ノ規則ヲ破壞スルヿヲ欲セス故ニ該論者ニ抵抗スル論者カ該論者ハ耶蘇敎第八ノ戒語ニ違背スル者ナリト論究スルハ即チ非ナリ然レ𪜈國家共同論者ノ說ク所ハ德義上ニ背キタルニ非スト雖𪜈政府的ノ公正及政治的ノ便宜ヨリ看來レハ大ニ駁擊ス可キ處尠少ナラス該論ハ租稅ノ負擔及官吏主義ヲ增進スルノ傾向アリ且其レ該論ハ人民ヲシテ自己金

錢上ノ利害ヲ思フテ其選擧權ヲ執行セシムルカ故ニ吾人ノ政治社會ヲ卑陋ナラシムル者ト曰ハサル可カラス

國家共同論者ハ一政黨ノミニ限ラス該論者ハ「トーリ」主義ニモ容易ニ混一シ又「トーリ」民政主義ニモ容易ニ混一シ又過激主義ニモ混一セリ往昔嘗テ過激黨ハ皆國家ノ干渉ヲ嫌ヒ理財學上ノ主義ヲ愛重セシヿアリ然レ𪜈近年ニ及ンテ過激黨大ニ繁盛ヲ致シ其繁盛ナルカ爲ニ其主義ヲ變シタリ今ヤ該黨ノ論者ハ曰ク若シ我黨ノ頭領輩カ政府ニ立ツナラハ我黨ハ即チ國家ナリ故ニ我黨ハ我黨ノ權力ヲ擴張スルニ於テ毫モ遠慮スル所無カル可シト之ヲ要スルニ意志善良ナル人民政府程嚴格ニ注意シ嚴格ニ批評セサル可カラサル者ハアラサルナリ

國家ノ能クシ得ル所ハ何ンヤ

國家共同論者ハ常ニ其反對論者ヲ難詰シテ曰ク論者ハ單ニ批評家ナ

ルノミ論者ハ苟モ改革ヲ企圖スルノ策ハ總テ之ニ反對スル者ナリ而シテ自己ハ毫モ策略ヲ有セサル者ナリト此難詰タル全然事實ニ反シタル者ニ非ス何トナレハ今日ノ正當ナル理財論者ハ自己ノ主義政策ヲ容易ニ發露セス是等論者ハヘンリーヂヨルジー氏ノ如キ論者ヲ容易ニ駁擊セリ然レ氏反テ氏ノ如ク人望ヲ有セス何トナレハ是等論者ハ自己ノ主義ヲ發露シテ貧窮救治ニ汲々タル目下ノ人民ヲ滿足セシメザレバナリ

然レ氏理財學者ハ事實及假想論ヲ酷論スルカ故ニ理財學者ハ改革策ハ總テ之ヲ擯斥スル者ナリト思考スルハ大ナル誤謬ト曰ハサル可カラス理財學者ハ自ラ又明々白々タル自己ノ計畫ヲ有セリ抑〻此計畫タルヤ遙カニ之ヲ見レハ國家共同論者ノ說ク所ノ如ク甘美ナラサルヘシト雖氏吾人ハ之ヲ考察スルコ甚タ貴重ナリ余輩今理財學上ノ法則

ヲ信スル輩ノ政策數條ヲ玆ニ略陳セン
第一國家ハ其權力ノ制限ヲ認知シ自ラ了解セサル事業ニ干渉スルヿヲ止メサル可カラス吾人ハ政黨頭領輩カ自ラ其吾人ヲ助クルニ於テ甚タ力無キ者タルヿヲ覺知スルニ至ルニ非スンハ決シテ之ニ信任ス可カラス吾人ハ自己ノ特志ニ由テ貧窮及其他ノ害惡ヲ救治センヿヲ吾人ニ證明スル頭領輩ノ出ツルヿヲ希望セサル可カラス
社會ノ害惡ハ一ハ放恣ニ歸シ一ハ又無學ニ歸ス放恣ハ德義ヲ以テ救治セサル可カラス而シテ德義上ノ救治ハ國家カ之ヲ爲スヿヲ甚タ難ンスル所ナリ蓋シ政治家カ一族人民ノ放恣ヲ矯正センヿヲ希望スル時ハ常ニ必ス他族人民ノ放恣ヲ增長スルニ至ルニアラスンハ其効ヲ奏スルヿ能ハサル者ナリ
無學救治ノ事ニ關シテ政治家ハ稍〻力ヲ用井サル可カラス國家ハ社會

ノ利害ニ關スル問題ニ付テ報告書ヲ編纂スルニ於テ大ナル便宜ヲ有セリ而シテ是等ノ便宜ハ活潑ニ發達セシメサル可カラス余輩今國家カ吾人ノ爲ニ做シ遂ルニ毫モ妨ナキ事務ノ二三ヲ枚擧セン

第一、法律ノ單一ナルヿ、蓋シ吾國ノ法律ハ公正ノ精神ヲ以テ作ラレタル者ナリ然レトモ浩瀚繁雜ニシテ之ヲ看過スルヿ甚タ困難ナリ今是ヲ簡單ニシテ明瞭ナル文章ニ改ムルハ甚タ要用ノ事ナリ然レトモ此事タルヤ人民カ熱心之ヲ希望スルニ非スンハ到底之ヲ實行スルヿ能ハサル可シ然リ而シテ目今啻ニ之ヲ希望請求スル者ノ存セサルノミナラス人民立法官ノ盡力ニ由テ我國ノ法律ハ年々益〻其浩瀚繁雜ヲ增加ス」

第二、政府ヲ單一ニスルヿ、蓋シ官員主義ノ盛大ナルハ近世一般國家ノ弱點ナリ抑〻政府ノ事務ハ其如何ニ執行セラルヽヤ人民カ明々白々ニ之ヲ了知シ得ルカ如クニ執行セラレサル可カラス而シテ人民ハ及フ可ク丈ケ官吏ノ干渉ヲ要セズシテ自ラ業務ヲ執ルヿヲ力メサル可カラス昔日我國地方政府ノ制度ハ此主義ヲ基礎トシテ立テラレタル者ナリ然レ𪜈我國自由ノ舊態ハ近世中央集權的法律ノ爲ニ消失セリ吾人ハ地方社會ノ獨立ヲ恢復シ國家ヲシテ濫用ヲ防禦スルニハ必要ナル監督權ノミヲ保有スルニ至ラシメサル可カラス

第三、政治上ノ問題ヲ探究スルニ便宜ヲ與フルヿ、目下ノ所ニテハ國家カ騷擾ヲ恐レテ已ムヲ得サルノ場合ニ及フマテハ政治上ノ探究ヲ爲スヿヲ許サス然レ𪜈政治上ノ爭論ヲ惹キ起スノ虞アルカ如キ事件ニ關シテ國家ハ時々探究セラルヽノ豫備アラサル可カラス而シテ苟モ探究ヲナシタル以上ハ其結果ヲ政府ノ記錄簿ニ載スルノミニテ之ヲ埋沒シ唯二三ノ該當官吏ノミ之ヲ看過シ得ルカ如ク爲ス可カラス宜シク之ヲ印刷ニ附シ該事件ニ關係シタル人民中ニ回達ス可シ第四、官吏及有志者ノ間ノ交通ヲ正當便宜ナラシムルヿ、此件ニ關シテ余輩カ陳述ス可キヿ甚多シ然レ𪜈今只其一例ヲ擧ン貧民救助ニ關シテ該當官吏ト有志者トノ間ニ正當ノ照會交通アラサルカ爲ニ非常ノ弊害ヲ來スヿアリ今若シ二者其力ヲ協セ互ニ其通知報告ヲ怠ラサレハ其効力尠少ナラサル可シ

不幸ニ由テ貧窮ニ陷リタル無罪ノ人ハ之ヲシテ能ク獨立ノ地位ヲ恢復セシムルニ足ルカ如ク有志者ノ救助保護ヲ與ヘサル可カラス又不品行或ハ奢侈ニ由テ貧窮ニ陷リタル者ハ貧民救助ノ法律ニ從フテ之ヲ處理セサル可カラス

以上陳述シタル改革ハ國家共同論者ノ計畫ノ如ク大希望ヲ有スル者ニ非ス然レ𪜈是等ノ改革ハ實地之ヲ施行スルヿヲ得ルナリ又爭鬪騷擾ヲ惹キ起スノ虞アラサルナリ又吾人カ之ニ關シテ吾人ノ全力ヲ致

スヿヲ得ルナリ

總結

古ヨリ今ニ至ル迄世界ニ於テ二派ノ政治論アリ一派ノ主義ハ二個ノ格言ヲ以テ之ヲ總括シ得ルナリ即チ「國家ニ附與スル所ハ及フ可ク丈ケ尠少ナラシメヨ」又「國家ヨリ受取ル所ハ及フ可ク丈ケ夥多ナラシメヨ」ノ二格言ナリ他ノ一派ノ論ハ之ヲ前者ニ比スレハ寧ロ正當ナル者ニシテ且ツ全ク反對ノ結果ヲ主唱スル者ナリ即チ吾人ハ及フ可ク丈ケ國家ニ附與セサル可カラス吾人ハ好ンテ租稅ヲ負擔シ又好ンテ國家ノ爲ニ吾人ノ勤勞ヲ致サヽル可カラス然リ而シテ吾人ハ及フ可ク丈ケ國家ニ依賴スルノ念ヲ減少セサル可カラス抑〻政府ノ煩雜ナル機官ハ既ニ已ニ其負擔ニ堪ヘサルナリ吾人ハ力ヲ協セテ其負擔ヲ減少スルヿヲ力メサ

ル可カラス

明治二十年十月六日版權免許
仝　年十一月　出版

譯者　東京府士族　土岐僙
東京府本郷區駒込追分町六十四番地

出版人　新瀉縣平民　井上圓成
東京府本郷區本郷六丁目五番地

發行所　哲學書院
東京府本郷區本郷六丁目五番地

印刷所　東京秀英舍

大賣捌所

東京通三丁目	丸善商社
同日本橋區久松町	博文堂
同日本橋區新大坂町	鶴喜
同通二丁目	嵩山房
同壚町	中央堂
同銀座	博聞社
同下谷練塀町	普及社
同麻布日下窪	鴻盟社
同神田神保町	中西
同通壹丁目	須原屋
同日本橋馬喰町	石川
大坂備後町	梅原
同心齊橋通	松村
同橋詰	駸々堂
大坂北久寶寺町	三木
京都河原町通	大黒屋
同御幸町	藤井
仙臺國分町	伊勢安
同大町	木村
羽前山形	五十嵐
熊本	長崎
越後長岡	上田屋
同水原	西村
信州長野	西澤
青森大町	栁崎
加州金澤	雲根堂
同	近田
北海道函館	種勘七

○發行書目

○印度哲學小史　大藏主計局長從五位渡邊國武先生著　全一冊　定價十五錢　郵稅六錢

○日本通鑑　天台道士杉浦重剛先生　文學士辰己小二郎先生　文學士棚橋一郎先生　理學士坪井正五郎先生　合著　全十冊　第一卷定價三十錢郵稅八錢　第二卷定價二十錢郵稅六錢

○佛教活論序論　文學士井上圓了先生著　全一冊　定價四十五錢　郵稅十二錢

○哲學要領　文學士井上圓了先生著　全二冊　前編定價三十五錢郵稅十錢　後編定價三十五錢郵稅十二錢

○心理摘要　文學士井上圓了先生著　全一冊　定價五十錢　郵稅十六錢

文學士井上圓了先生著
○妖怪玄談　全五册　第一册定價二十錢　郵稅六錢

文學士井上圓了先生著
○哲學一夕話　全三册　第一篇定價七錢　第二篇定價九錢　第三篇定價八錢　郵稅各二錢

文學士井上圓了先生著
○哲學道中記　第一卷定價三十錢　郵稅十錢

文學士辰己小二郎先生譯述
斯氏○哲學要義　全一册　定價金三十五錢　郵稅八錢

文學士辰己小二郎先生著
○哲學茶話　文學士土子笑面先生序　全一册　定價八錢　郵稅四錢

文學士辰己小二郎先生著
○女權沿革史　全一册　定價二十錢　郵稅六錢

英國「バックル」氏原著
文學士辰巳小二郎先生抄譯增補批評

○文明要論

全一冊　定價六十錢　郵稅十八錢

學士會員黒川眞頼先生校閲並序　文學士棚橋一郎先生序
三田葆先生跋　文學士辰巳小二郎先生著

○雅語綴字例

全一冊　定價二十錢　郵稅四錢

文學士土子金四郎先生戯述　文學士坪井九馬三先生序
文學士春廼舍朧先生跋

○洒落哲學

全一冊　定價三十錢　郵稅八錢

經濟博士フレデリクバスチアー先生原著　文學士坂谷芳郎先生序
文學士土子金四郎先生講述

○經濟調和論

全五冊　第一冊定價三十錢　郵稅十錢

文學士濱田健二郎先生著

○言語哲學

全一冊　定價五十錢　郵稅十二錢

寺田福壽先生譯
嶋地默雷先生序　原坦山先生訂
渥美契緣先生題　福田行誠先生閲

○人道教初步　全一册　一名佛門脩身階梯
定價六錢郵稅四錢

理學士坪井正五郎先生著

○工商技藝看板考　全一册　定價三十錢
郵稅八錢

高嶋嘉右衛門先生著

○高島易斷　全十册　定價三圓

元老院議官加藤弘之先生著

○人權新說　全一册　定價三十錢
郵稅八錢

清野勉先生著

○理學大意　全一册　定價壹圓
郵稅貳十八錢

清野勉先生著

○格致哲學緒論　全一册　定價七十五錢
郵稅十六錢

文學士三宅雄二郎先生著
○佛教眞情　近刊

文學士辰己小二郎先生著
○歐米諸國民權文明共進史　近刊

文學士辰己小二郎先生著
○西洋日本神人兩界ノ國會　近刊

文學士濱田健二郎先生著
○貨幣本位論　近刊

棚橋大作先生著　棚橋一郎先生筆記
○近古儒林學統一斑　近刊

國家學要論　完　　別巻 1233

2019(令和元)年7月20日　　復刻版第1刷発行

著　者　T ・ ラ レ ー
補訳者　土　岐　　　僙
発行者　今　井　　　貴
　　　　渡　辺　左　近
発行所　信　山　社　出　版
〒113-0033　東京都文京区本郷6-2-9-102
モンテベルデ第2東大正門前
電　話　03 (3818) 1019
FAX　03 (3818) 0344
郵便振替　00140-2-367777(信山社販売)
Printed in Japan.

制作／(株)信山社，印刷・製本／松澤印刷・日進堂

ISBN 978-4-7972-7352-6 C3332

巻数	書　名	編・著者	ISBN	本体価格
950	実地応用町村制質疑録	野田藤吉郎、國吉拓郎	ISBN978-4-7972-6656-6	22,000円
951	市町村議員必携	川瀬周次、田中迪三	ISBN978-4-7972-6657-3	40,000円
952	増補 町村制執務備考 全	増澤鐵、飯島篤雄	ISBN978-4-7972-6658-0	46,000円
953	郡区町村編制法 府県会規則 地方税規則 三法綱論	小笠原美治	ISBN978-4-7972-6659-7	28,000円
954	郡区町村編制 府県会規則 地方税規則 新法例纂 追加地方諸要則	柳澤武運三	ISBN978-4-7972-6660-3	21,000円
955	地方革新講話	西内天行	ISBN978-4-7972-6921-5	40,000円
956	市町村名辞典	杉野耕三郎	ISBN978-4-7972-6922-2	38,000円
957	市町村吏員提要〔第三版〕	田邊好一	ISBN978-4-7972-6923-9	60,000円
958	帝国市町村便覧	大西林五郎	ISBN978-4-7972-6924-6	57,000円
959	最近検定 市町村名鑑 附 官国幣社 及 諸学校所在地一覧	藤澤衛彦、伊東順彦、増田穆、関惣右衛門	ISBN978-4-7972-6925-3	64,000円
960	鼇頭対照 市町村制解釈 附 理由書 及 参考諸布達	伊藤寿	ISBN978-4-7972-6926-0	40,000円
961	市町村制釈義 完　附 市町村制理由	水越成章	ISBN978-4-7972-6927-7	36,000円
962	府県郡市町村 模範治績　附 耕地整理法 産業組合法 附属法令	荻野千之助	ISBN978-4-7972-6928-4	74,000円
963	市町村大字読方名彙〔大正十四年度版〕	小川琢治	ISBN978-4-7972-6929-1	60,000円
964	町村会議員選挙要覧	津田東璋	ISBN978-4-7972-6930-7	34,000円
965	市制町村制 及 府県制　附 普通選挙法	法律研究会	ISBN978-4-7972-6931-4	30,000円
966	市制町村制註釈 完　附 市制町村制理由〔明治21年初版〕	角田真平、山田正賢	ISBN978-4-7972-6932-1	46,000円
967	市町村制詳解 全　附 市町村制理由	元田肇、加藤政之助、日鼻豊作	ISBN978-4-7972-6933-8	47,000円
968	区町村会議要覧 全	阪田辨之助	ISBN978-4-7972-6934-5	28,000円
969	実用 町村制市制事務提要	河邨貞山、島村文耕	ISBN978-4-7972-6935-2	46,000円
970	新旧対照 市制町村制正文〔第三版〕	自治館編輯局	ISBN978-4-7972-6936-9	28,000円
971	細密調査 市町村便覧(三府 四十三県 北海道 樺太 台湾 朝鮮 関東州)　附 分類官公衙公私学校銀行所在地一覧表	白山榮一郎、森田公美	ISBN978-4-7972-6937-6	88,000円
972	正文 市制町村制 並 附属法規	法曹閣	ISBN978-4-7972-6938-3	21,000円
973	台湾朝鮮関東州 全国市町村便覧 各学校所在地〔第一分冊〕	長谷川好太郎	ISBN978-4-7972-6939-0	58,000円
974	台湾朝鮮関東州 全国市町村便覧 各学校所在地〔第二分冊〕	長谷川好太郎	ISBN978-4-7972-6940-6	58,000円
975	合巻 佛蘭西邑法・和蘭邑法・皇国郡区町村編成法	箕作麟祥、大井憲太郎、神田孝平	ISBN978-4-7972-6941-3	28,000円
976	自治之模範	江木翼	ISBN978-4-7972-6942-0	60,000円
977	地方制度実例総覧〔明治36年初版〕	金田謙	ISBN978-4-7972-6943-7	48,000円
978	市町村民 自治読本	武藤榮治郎	ISBN978-4-7972-6944-4	22,000円
979	町村制詳解　附 市制及町村制理由	相澤富蔵	ISBN978-4-7972-6945-1	28,000円
980	改正 市町村制 並 附属法規	楠綾雄	ISBN978-4-7972-6946-8	28,000円
981	改正 市制 及 町村制〔訂正10版〕	山野金蔵	ISBN978-4-7972-6947-5	28,000円

別巻　巻数順一覧【915～949巻】

巻数	書　名	編・著者	ISBN	本体価格
915	改正 新旧対照市町村一覧	鍾美堂	ISBN978-4-7972-6621-4	78,000 円
916	東京市会先例彙輯	後藤新平、桐島像一、八田五三	ISBN978-4-7972-6622-1	65,000 円
917	改正 地方制度解説〔第六版〕	狭間茂	ISBN978-4-7972-6623-8	67,000 円
918	改正 地方制度通義	荒川五郎	ISBN978-4-7972-6624-5	75,000 円
919	町村制市制全書 完	中嶋廣蔵	ISBN978-4-7972-6625-2	80,000 円
920	自治新制 市町村会法要談 全	田中重策	ISBN978-4-7972-6626-9	22,000 円
921	郡市町村吏員 収税実務要書	荻野千之助	ISBN978-4-7972-6627-6	21,000 円
922	町村至宝	桂虎次郎	ISBN978-4-7972-6628-3	36,000 円
923	地方制度通 全	上山満之進	ISBN978-4-7972-6629-0	60,000 円
924	帝国議会府県会郡会市町村会議員必携 附関係法規 第1分冊	太田峯三郎、林田亀太郎、小原新三	ISBN978-4-7972-6630-6	46,000 円
925	帝国議会府県会郡会市町村会議員必携 附関係法規 第2分冊	太田峯三郎、林田亀太郎、小原新三	ISBN978-4-7972-6631-3	62,000 円
926	市町村是	野田千太郎	ISBN978-4-7972-6632-0	21,000 円
927	市町村執務要覧 全 第1分冊	大成館編輯局	ISBN978-4-7972-6633-7	60,000 円
928	市町村執務要覧 全 第2分冊	大成館編輯局	ISBN978-4-7972-6634-4	58,000 円
929	府県会規則大全　附 裁定録	朝倉達三、若林友之	ISBN978-4-7972-6635-1	28,000 円
930	地方自治の手引	前田宇治郎	ISBN978-4-7972-6636-8	28,000 円
931	改正 市制町村制と衆議院議員選挙法	服部喜太郎	ISBN978-4-7972-6637-5	28,000 円
932	市町村国税事務取扱手続	広島財務研究会	ISBN978-4-7972-6638-2	34,000 円
933	地方自治制要義 全	末松偕一郎	ISBN978-4-7972-6639-9	57,000 円
934	市町村特別税之栞	三邊長治、水谷平吉	ISBN978-4-7972-6640-5	24,000 円
935	英国地方制度 及 税法	良保両氏、水野遵	ISBN978-4-7972-6641-2	34,000 円
936	英国地方制度 及 税法	髙橋達	ISBN978-4-7972-6642-9	20,000 円
937	日本法典全書 第一編 府県制郡制註釈	上條慎蔵、坪谷善四郎	ISBN978-4-7972-6643-6	58,000 円
938	判例挿入 自治法規全集 全	池田繁太郎	ISBN978-4-7972-6644-3	82,000 円
939	比較研究 自治之精髄	水野錬太郎	ISBN978-4-7972-6645-0	22,000 円
940	傍訓註釈 市制町村制 並ニ 理由書〔第三版〕	筒井時治	ISBN978-4-7972-6646-7	46,000 円
941	以呂波引町村便覧	田山宗堯	ISBN978-4-7972-6647-4	37,000 円
942	町村制執務要録 全	鷹巣清二郎	ISBN978-4-7972-6648-1	46,000 円
943	地方自治 及 振興策	床次竹二郎	ISBN978-4-7972-6649-8	30,000 円
944	地方自治講話	田中四郎左衛門	ISBN978-4-7972-6650-4	36,000 円
945	地方施設改良 訓諭演説集〔第六版〕	鹽川玉江	ISBN978-4-7972-6651-1	40,000 円
946	帝国地方自治団体発達史〔第三版〕	佐藤亀齢	ISBN978-4-7972-6652-8	48,000 円
947	農村自治	小橋一太	ISBN978-4-7972-6653-5	34,000 円
948	国税 地方税 市町村税 滞納処分法問答	竹尾高堅	ISBN978-4-7972-6654-2	28,000 円
949	市町村役場実用 完	福井淳	ISBN978-4-7972-6655-9	40,000 円

別巻　巻数順一覧【878 ～ 914 巻】

巻数	書　名	編・著者	ISBN	本体価格
878	明治史第六編 政黨史	博文館編輯局	ISBN978-4-7972-7180-5	42,000 円
879	日本政黨發達史 全〔第一分冊〕	上野熊藏	ISBN978-4-7972-7181-2	50,000 円
880	日本政黨發達史 全〔第二分冊〕	上野熊藏	ISBN978-4-7972-7182-9	50,000 円
881	政党論	梶原保人	ISBN978-4-7972-7184-3	30,000 円
882	獨逸新民法商法正文	古川五郎、山口弘一	ISBN978-4-7972-7185-0	90,000 円
883	日本民法鼇頭對比獨逸民法	荒波正隆	ISBN978-4-7972-7186-7	40,000 円
884	泰西立憲國政治攬要	荒井泰治	ISBN978-4-7972-7187-4	30,000 円
885	改正衆議院議員選擧法釋義 全	福岡伯、横田左仲	ISBN978-4-7972-7188-1	42,000 円
886	改正衆議院議員選擧法釋義 附 改正貴族院令,治安維持法	犀川長作、犀川久平	ISBN978-4-7972-7189-8	33,000 円
887	公民必携 選擧法規ト判決例	大浦兼武、平沼騏一郎、木下友三郎、清水澄、三浦數平	ISBN978-4-7972-7190-4	96,000 円
888	衆議院議員選擧法輯覽	司法省刑事局	ISBN978-4-7972-7191-1	53,000 円
889	行政司法選擧判例總覽—行政救濟と其手續—	澤田竹治郎・川崎秀男	ISBN978-4-7972-7192-8	72,000 円
890	日本親族相續法義解 全	髙橋捨六・堀田馬三	ISBN978-4-7972-7193-5	45,000 円
891	普通選擧文書集成	山中秀男・岩本溫良	ISBN978-4-7972-7194-2	85,000 円
892	普選の勝者 代議士月旦	大石末吉	ISBN978-4-7972-7195-9	60,000 円
893	刑法註釋 巻一～巻四(上巻)	村田保	ISBN978-4-7972-7196-6	58,000 円
894	刑法註釋 巻五～巻八(下巻)	村田保	ISBN978-4-7972-7197-3	50,000 円
895	治罪法註釋 巻一～巻四(上巻)	村田保	ISBN978-4-7972-7198-0	50,000 円
896	治罪法註釋 巻五～巻八(下巻)	村田保	ISBN978-4-7972-7198-0	50,000 円
897	議會選擧法	カール・ブラウニアス、國政研究科會	ISBN978-4-7972-7201-7	42,000 円
901	鼇頭註釈 町村制　附 理由 全	八乙女盛次、片野続	ISBN978-4-7972-6607-8	28,000 円
902	改正 市制町村制　附 改正要義	田山宗堯	ISBN978-4-7972-6608-5	28,000 円
903	増補訂正 町村制詳解〔第十五版〕	長峰安三郎、三浦通太、野田千太郎	ISBN978-4-7972-6609-2	52,000 円
904	市制町村制 並 理由書　附 直接間接税類別及実施手続	高崎修助	ISBN978-4-7972-6610-8	20,000 円
905	町村制要義	河野正義	ISBN978-4-7972-6611-5	28,000 円
906	改正 市制町村制義解〔帝國地方行政学会〕	川村芳次	ISBN978-4-7972-6612-2	60,000 円
907	市制町村制 及 関係法令〔第三版〕	野田千太郎	ISBN978-4-7972-6613-9	35,000 円
908	市町村新旧対照一覧	中村芳松	ISBN978-4-7972-6614-6	38,000 円
909	改正 府県郡制問答講義	木内英雄	ISBN978-4-7972-6615-3	28,000 円
910	地方自治提要 全　附 諸届願書式 日用規則抄録	木村時義、吉武則久	ISBN978-4-7972-6616-0	56,000 円
911	訂正増補 市町村制問答詳解　附 理由及追輯	福井淳	ISBN978-4-7972-6617-7	70,000 円
912	改正 府県制郡制註釈〔第三版〕	福井淳	ISBN978-4-7972-6618-4	34,000 円
913	地方制度実例総覧〔第七版〕	自治館編輯局	ISBN978-4-7972-6619-1	78,000 円
914	英国地方政治論	ジョージ・チャールズ・ブロドリック、久米金彌	ISBN978-4-7972-6620-7	30,000 円

別巻　巻数順一覧【843～877巻】

巻数	書　名	編・著者	ISBN	本体価格
843	法律汎論	熊谷直太	ISBN978-4-7972-7141-6	40,000円
844	英國國會選擧訴願判決例 全	オマリー、ハードカッスル、サンタース	ISBN978-4-7972-7142-3	80,000円
845	衆議院議員選擧法改正理由書 完	内務省	ISBN978-4-7972-7143-0	40,000円
846	龗齋法律論文集	森作太郎	ISBN978-4-7972-7144-7	45,000円
847	雨山遺稾	渡邉輝之助	ISBN978-4-7972-7145-4	70,000円
848	法曹紙屑籠	鷺城逸史	ISBN978-4-7972-7146-1	54,000円
849	法例彙纂 民法之部 第一篇	史官	ISBN978-4-7972-7147-8	66,000円
850	法例彙纂 民法之部 第二篇〔第一分冊〕	史官	ISBN978-4-7972-7148-5	55,000円
851	法例彙纂 民法之部 第二篇〔第二分冊〕	史官	ISBN978-4-7972-7149-2	75,000円
852	法例彙纂 商法之部〔第一分冊〕	史官	ISBN978-4-7972-7150-8	70,000円
853	法例彙纂 商法之部〔第二分冊〕	史官	ISBN978-4-7972-7151-5	75,000円
854	法例彙纂 訴訟法之部〔第一分冊〕	史官	ISBN978-4-7972-7152-2	60,000円
855	法例彙纂 訴訟法之部〔第二分冊〕	史官	ISBN978-4-7972-7153-9	48,000円
856	法例彙纂 懲罰則之部	史官	ISBN978-4-7972-7154-6	58,000円
857	法例彙纂 第二版 民法之部〔第一分冊〕	史官	ISBN978-4-7972-7155-3	70,000円
858	法例彙纂 第二版 民法之部〔第二分冊〕	史官	ISBN978-4-7972-7156-0	70,000円
859	法例彙纂 第二版 商法之部・訴訟法之部〔第一分冊〕	太政官記録掛	ISBN978-4-7972-7157-7	72,000円
860	法例彙纂 第二版 商法之部・訴訟法之部〔第二分冊〕	太政官記録掛	ISBN978-4-7972-7158-4	40,000円
861	法令彙纂 第三版 民法之部〔第一分冊〕	太政官記録掛	ISBN978-4-7972-7159-1	54,000円
862	法令彙纂 第三版 民法之部〔第ニ分冊〕	太政官記録掛	ISBN978-4-7972-7160-7	54,000円
863	現行法律規則全書（上）	小笠原美治、井田鐘次郎	ISBN978-4-7972-7162-1	50,000円
864	現行法律規則全書（下）	小笠原美治、井田鐘次郎	ISBN978-4-7972-7163-8	53,000円
865	國民法制通論 上卷・下卷	仁保龜松	ISBN978-4-7972-7165-2	56,000円
866	刑法註釋	磯部四郎、小笠原美治	ISBN978-4-7972-7166-9	85,000円
867	治罪法註釋	磯部四郎、小笠原美治	ISBN978-4-7972-7167-6	70,000円
868	政法哲學 前編	ハーバート・スペンサー、濱野定四郎、渡邊治	ISBN978-4-7972-7168-3	45,000円
869	政法哲學 後編	ハーバート・スペンサー、濱野定四郎、渡邊治	ISBN978-4-7972-7169-0	45,000円
870	佛國商法復説 第壹篇自第壹卷至第七卷	リウヒエール、商法編纂局	ISBN978-4-7972-7171-3	75,000円
871	佛國商法復説 第壹篇第八卷	リウヒエール、商法編纂局	ISBN978-4-7972-7172-0	45,000円
872	佛國商法復説 自第二篇至第四篇	リウヒエール、商法編纂局	ISBN978-4-7972-7173-7	70,000円
873	佛國商法復説 書式之部	リウヒエール、商法編纂局	ISBN978-4-7972-7174-4	40,000円
874	代言試驗問題擬判録 全 附録明治法律學校民刑問題及答案	熊野敏三、宮城浩蔵 河野和三郎、岡義男	ISBN978-4-7972-7176-8	35,000円
875	各國官吏試驗法類集 上・下	内閣	ISBN978-4-7972-7177-5	54,000円
876	商業規篇	矢野亨	ISBN978-4-7972-7178-2	53,000円
877	民法実用法典 全	福田一覺	ISBN978-4-7972-7179-9	45,000円

別巻　巻数順一覧【810～842巻】

巻数	書　名	編・著者	ISBN	本体価格
810	訓點法國律例 民律 上卷	鄭永寧	ISBN978-4-7972-7105-8	50,000円
811	訓點法國律例 民律 中卷	鄭永寧	ISBN978-4-7972-7106-5	50,000円
812	訓點法國律例 民律 下卷	鄭永寧	ISBN978-4-7972-7107-2	60,000円
813	訓點法國律例 民律指掌	鄭永寧	ISBN978-4-7972-7108-9	58,000円
814	訓點法國律例 貿易定律・園林則律	鄭永寧	ISBN978-4-7972-7109-6	60,000円
815	民事訴訟法 完	本多康直	ISBN978-4-7972-7111-9	65,000円
816	物權法(第一部)完	西川一男	ISBN978-4-7972-7112-6	45,000円
817	物權法(第二部)完	馬場愿治	ISBN978-4-7972-7113-3	35,000円
818	商法五十課 全	アーサー・B・クラーク、本多孫四郎	ISBN978-4-7972-7115-7	38,000円
819	英米商法律原論 契約之部及流通券之部	岡山兼吉、淺井勝	ISBN978-4-7972-7116-4	38,000円
820	英國組合法 完	サー・フレデリック・ポロック、榊原幾久若	ISBN978-4-7972-7117-1	30,000円
821	自治論 一名人民ノ自由 卷之上・卷之下	リーバー、林董	ISBN978-4-7972-7118-8	55,000円
822	自治論纂 全一册	獨逸學協會	ISBN978-4-7972-7119-5	50,000円
823	憲法彙纂	古屋宗作、鹿島秀麿	ISBN978-4-7972-7120-1	35,000円
824	國會汎論	ブルンチュリー、石津可輔、讃井逸三	ISBN978-4-7972-7121-8	30,000円
825	威氏法學通論	エスクバック、渡邊輝之助、神山亨太郎	ISBN978-4-7972-7122-5	35,000円
826	萬國憲法 全	高田早苗、坪谷善四郎	ISBN978-4-7972-7123-2	50,000円
827	綱目代議政體	J・S・ミル、上田充	ISBN978-4-7972-7124-9	40,000円
828	法學通論	山田喜之助	ISBN978-4-7972-7125-6	30,000円
829	法學通論 完	島田俊雄、溝上與三郎	ISBN978-4-7972-7126-3	35,000円
830	自由之權利 一名自由之理 全	J・S・ミル、高橋正次郎	ISBN978-4-7972-7127-0	38,000円
831	歐洲代議政體起原史 第一册・第二册／代議政體原論 完	ギゾー、漆間眞學、藤田四郎、アンドリー、山口松五郎	ISBN978-4-7972-7128-7	100,000円
832	代議政體 全	J・S・ミル、前橋孝義	ISBN978-4-7972-7129-4	55,000円
833	民約論	J・J・ルソー、田中弘義、服部徳	ISBN978-4-7972-7130-0	40,000円
834	歐米政黨沿革史總論	藤田四郎	ISBN978-4-7972-7131-7	30,000円
835	内外政黨事情・日本政黨事情 完	中村義三、大久保常吉	ISBN978-4-7972-7132-4	35,000円
836	議會及政黨論	菊池學而	ISBN978-4-7972-7133-1	35,000円
837	各國之政黨 全〔第1分冊〕	外務省政務局	ISBN978-4-7972-7134-8	70,000円
838	各國之政黨 全〔第2分冊〕	外務省政務局	ISBN978-4-7972-7135-5	60,000円
839	大日本政黨史 全	若林淸、尾崎行雄、箕浦勝人、加藤恒忠	ISBN978-4-7972-7137-9	63,000円
840	民約論	ルソー、藤田浪人	ISBN978-4-7972-7138-6	30,000円
841	人權宣告辯妄・政治眞論一名主權辯妄	ベンサム、草野宣隆、藤田四郎	ISBN978-4-7972-7139-3	40,000円
842	法制講義 全	赤司鷹一郎	ISBN978-4-7972-7140-9	30,000円

別巻　巻数順一覧【776～809巻】

巻数	書　名	編・著者	ISBN	本体価格
776	改正 府県制郡制釈義〔第三版〕	坪谷善四郎	ISBN978-4-7972-6602-3	35,000円
777	新旧対照 市制町村制 及 理由〔第九版〕	荒川五郎	ISBN978-4-7972-6603-0	28,000円
778	改正 市町村制講義	法典研究会	ISBN978-4-7972-6604-7	38,000円
779	改正 市制町村制講義 附 施行諸規則 及 市町村事務摘要	樋山廣業	ISBN978-4-7972-6605-4	58,000円
780	改正 市制町村制義解	行政法研究会、藤田謙堂	ISBN978-4-7972-6606-1	60,000円
781	今時獨逸帝國要典 前篇	C・モレイン、今村有隣	ISBN978-4-7972-6425-8	45,000円
782	各國上院紀要	元老院	ISBN978-4-7972-6426-5	35,000円
783	泰西國法論	シモン・ビッセリング、津田真一郎	ISBN978-4-7972-6427-2	40,000円
784	律例權衡便覽 自第一冊至第五冊	村田保	ISBN978-4-7972-6428-9	100,000円
785	檢察事務要件彙纂	平松照忠	ISBN978-4-7972-6429-6	45,000円
786	治罪法比鑑 完	福鎌芳隆	ISBN978-4-7972-6430-2	65,000円
787	治罪法註解	立野胤政	ISBN978-4-7972-6431-9	56,000円
788	佛國民法契約篇講義 全	玉乃世履、磯部四郎	ISBN978-4-7972-6432-6	40,000円
789	民法疏義 物權之部	鶴丈一郎、手塚太郎	ISBN978-4-7972-6433-3	90,000円
790	民法疏義 人權之部	鶴丈一郎	ISBN978-4-7972-6434-0	100,000円
791	民法疏義 取得篇	鶴丈一郎	ISBN978-4-7972-6435-7	80,000円
792	民法疏義 擔保篇	鶴丈一郎	ISBN978-4-7972-6436-4	90,000円
793	民法疏義 證據篇	鶴丈一郎	ISBN978-4-7972-6437-1	50,000円
794	法學通論	奥田義人	ISBN978-4-7972-6439-5	100,000円
795	法律ト宗教トノ關係	名尾玄乗	ISBN978-4-7972-6440-1	55,000円
796	英國國會政治	アルフユース・トッド、スペンサー・ヲルポール、林田龜太郎、岸清一	ISBN978-4-7972-6441-8	65,000円
797	比較國會論	齊藤隆夫	ISBN978-4-7972-6442-5	30,000円
798	改正衆議院議員選擧法論	島田俊雄	ISBN978-4-7972-6443-2	30,000円
799	改正衆議院議員選擧法釋義	林田龜太郎	ISBN978-4-7972-6444-9	50,000円
800	改正衆議院議員選擧法正解	武田貞之助、井上密	ISBN978-4-7972-6445-6	30,000円
801	佛國法律提要 全	箕作麟祥、大井憲太郎	ISBN978-4-7972-6446-3	100,000円
802	佛國政典	ドラクルチー、大井憲太郎、箕作麟祥	ISBN978-4-7972-6447-0	120,000円
803	社會行政法論 全	H・リョースレル、江木衷	ISBN978-4-7972-6448-7	100,000円
804	英國財産法講義	三宅恒徳	ISBN978-4-7972-6449-4	60,000円
805	國家論 全	ブルンチュリー、平田東助、平塚定二郎	ISBN978-4-7972-7100-3	50,000円
806	日本議會現法 完	増尾種時	ISBN978-4-7972-7101-0	45,000円
807	法學通論 一名法學初歩 全	P・ナミュール、河地金代、河村善益、薩埵正邦	ISBN978-4-7972-7102-7	53,000円
808	訓點法國律例 刑名定範 巻一巻二 完	鄭永寧	ISBN978-4-7972-7103-4	40,000円
809	訓點法國律例 刑律從巻 一至巻四 完	鄭永寧	ISBN978-4-7972-7104-1	30,000円

別巻　巻数順一覧【741 ～ 775 巻】

巻数	書　名	編・著者	ISBN	本体価格
741	改正 市町村制詳解	相馬昌三、菊池武夫	ISBN978-4-7972-6491-3	38,000 円
742	註釈の市制と町村制　附 普通選挙法	法律研究会	ISBN978-4-7972-6492-0	60,000 円
743	新旧対照 市制町村制 並 附属法規〔改訂二十七版〕	良書普及会	ISBN978-4-7972-6493-7	36,000 円
744	改訂増補 市制町村制実例総覧 第１分冊	田中廣太郎、良書普及会	ISBN978-4-7972-6494-4	60,000 円
745	改訂増補 市制町村制実例総覧 第２分冊	田中廣太郎、良書普及会	ISBN978-4-7972-6495-1	68,000 円
746	実例判例 市制町村制釈義〔昭和十年改正版〕	梶康郎	ISBN978-4-7972-6496-8	57,000 円
747	市制町村制義解　附 理由〔第五版〕	櫻井一久	ISBN978-4-7972-6497-5	47,000 円
748	実地応用町村制問答〔第二版〕	市町村雑誌社	ISBN978-4-7972-6498-2	46,000 円
749	傍訓註釈 日本市制町村制 及 理由書	柳澤武運三	ISBN978-4-7972-6575-0	28,000 円
750	鼇頭註釈 市町村制俗解　附 理由書〔増補第五版〕	清水亮三	ISBN978-4-7972-6576-7	28,000 円
751	市町村制質問録	片貝正晉	ISBN978-4-7972-6577-4	28,000 円
752	実用詳解町村制 全	夏目洗藏	ISBN978-4-7972-6578-1	28,000 円
753	新旧対照 改正 市制町村制新釈　附 施行細則及執務條規	佐藤貞雄	ISBN978-4-7972-6579-8	42,000 円
754	市制町村制講義	樋山廣業	ISBN978-4-7972-6580-4	46,000 円
755	改正 市制町村制講義〔第十版〕	秋野沆	ISBN978-4-7972-6581-1	42,000 円
756	註釈の市制と町村制 市制町村制施行令他関連法収録〔昭和4年4月版〕	法律研究会	ISBN978-4-7972-6582-8	58,000 円
757	実例判例 市制町村制釈義〔第四版〕	梶康郎	ISBN978-4-7972-6583-5	48,000 円
758	改正 市制町村制解説	狭間茂、土谷覺太郎	ISBN978-4-7972-6584-2	59,000 円
759	市町村制註解 完	若林市太郎	ISBN978-4-7972-6585-9	22,000 円
760	町村制実用 完	新田貞橘、鶴田嘉内	ISBN978-4-7972-6586-6	56,000 円
761	町村制精解 完　附 理由 及 問答録	中目孝太郎、磯谷郡爾、高田早苗、両角彦六、高木守三郎	ISBN978-4-7972-6587-3	35,000 円
762	改正 町村制詳解〔第十三版〕	長峰安三郎、三浦通太、野田千太郎	ISBN978-4-7972-6588-0	54,000 円
763	加除自在 参照条文　附 市制町村制　附 関係法規	矢島和三郎	ISBN978-4-7972-6589-7	60,000 円
764	改正版 市制町村制並ニ府県制及ビ重要関係法令	法制堂出版	ISBN978-4-7972-6590-3	39,000 円
765	改正版 註釈の市制と町村制 最近の改正を含む	法制堂出版	ISBN978-4-7972-6591-0	58,000 円
766	鼇頭註釈 市町村制俗解　附 理由書〔第二版〕	清水亮三	ISBN978-4-7972-6592-7	25,000 円
767	理由挿入 市町村制俗解〔第三版増補訂正〕	上村秀昇	ISBN978-4-7972-6593-4	28,000 円
768	府県制郡制註釈	田島彦四郎	ISBN978-4-7972-6594-1	40,000 円
769	市制町村制傍訓 完　附 市制町村制理由〔第四版〕	内山正如	ISBN978-4-7972-6595-8	18,000 円
770	市制町村制釈義	壁谷可六、上野太一郎	ISBN978-4-7972-6596-5	38,000 円
771	市制町村制詳解 全　附 理由書	杉谷庸	ISBN978-4-7972-6597-2	21,000 円
772	鼇頭傍訓 市制町村制註釈 及 理由書	山内正利	ISBN978-4-7972-6598-9	28,000 円
773	町村制要覧 全	浅井元、古谷省三郎	ISBN978-4-7972-6599-6	38,000 円
774	府県制郡制釈義 全〔第三版〕	栗本勇之助、森惣之祐	ISBN978-4-7972-6600-9	35,000 円
775	市制町村制釈義	坪谷善四郎	ISBN978-4-7972-6601-6	39,000 円